ㅐ [ɛ]	ㅒ [jɛ]	ㅔ [e]	ㅖ [je]	ㅘ [wa]	ㅙ [wɛ]	ㅚ [we]	ㅝ [wɔ]	ㅞ [we]	ㅟ [wi]	ㅢ [ɯi]
개	걔	게	계	과	괘	괴	궈	궤	귀	긔
내	냬	네	녜	놔	놰	[illegible]	[illegible]	[illegible]	[illegible]	늬
대	댸	데	뎨	돠	돼	[illegible]	[illegible]	[illegible]	[illegible]	듸
래	럐	레	례	롸	뢔	뢰	뤄	뤠	뤼	릐
매	먜	메	몌	뫄	뫠	뫼	뭐	뭬	뮈	믜
배	뱨	베	볘	봐	봬	뵈	붜	붸	뷔	븨
새	섀	세	셰	솨	쇄	쇠	숴	쉐	쉬	싀
애	얘	에	예	와	왜	외	워	웨	위	의
재	쟤	제	졔	좌	좨	죄	줘	줴	쥐	즤
채	챼	체	쳬	촤	쵀	최	춰	췌	취	츼
캐	컈	케	켸	콰	쾌	쾨	쿼	퀘	퀴	킈
태	턔	테	톄	톼	퇘	퇴	퉈	퉤	튀	틔
패	퍠	페	폐	퐈	퐤	푀	풔	풰	퓌	픠
해	햬	헤	혜	화	홰	회	훠	훼	휘	희

「韓国語の世界へ」ワールド

https://text.asahipress.com/text-web/korean/sekainyumon4/index.html

「韓国語の世界へ」ワールドガイド ～概要と簡単な使い方

■映像・音声教材

・各課の会話文を**字幕あり・字幕なし**の映像で確認できる！

・基本のあいさつことばも映像を見ながら練習できる！

・全ての音声を**Web ストリーミング音声**や**リスニングトレーナー**＊で確認できる！

＊弊社が提供している音声アプリです。音声をスマホ、タブレットに簡単にダウンロードでき、再生スピードの調整も行うことができます。

■映像で楽しめる文化コラム

・韓国の街並みや大学生活などをのぞいてみよう！

■豊富なウェブ教材

・単語学習セット「**Quizlet**」の学習セットで、各課の単語を楽しく学べる！

・各課の会話文は**シャドーイング練習教材**でもっと練習できる！

・著者作成の文法解説動画も！ 5 ～ 10 分程度でさらっと予習・復習ができる！

四訂版

韓国語の世界へ

入門編

―コツコツ学び、カジュアルに話そう―

李潤玉 ● 酒勾康裕 ● 須賀井義教
睦宗均 ● 山田恭子

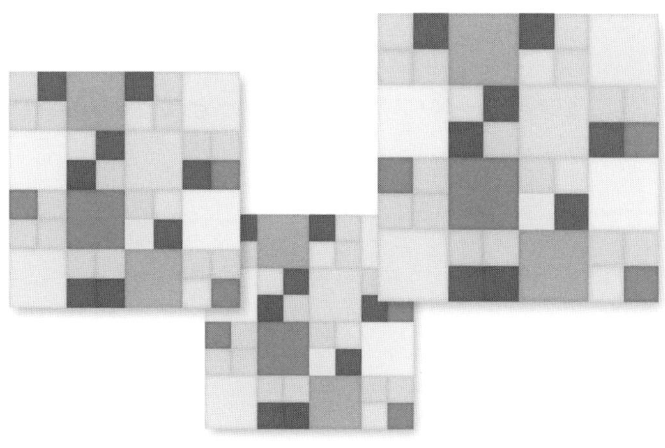

朝日出版社

まえがき

世の中は常に変わるものですが、この 20 年ほどは東西ドイツの統合、旧ソビエト連邦の崩壊を代表格として世界の色々な国に急激で、かつ大規模な変化が起こってきています。日本もその例外ではありません。特に、21 世紀に入って隣国韓国との文化交流が盛んになり、‘韓流ブーム’が到来しました。このブームは単なるブームに終わることなく、更なる成熟した文化交流に至る兆しを見せています。加えて、誰もが気軽に両国を行き来することが出来るようになりました。

本書は、このような状況を背景に、気軽に学習出来るように以下の要領で作成されています。

〈形式〉

(1) 大学における第二外国語の教室用初級教材である。

(2) 90 分の授業 2 回で各課を終える（週 1 回の授業では 1 年、週 2 回の授業では半年）。

(3) 各課の終わりには、その内容が確認できる復習問題をつけてある。

(4) 2 課ごとに各課の内容をまとめ、さらに文化的な項目を補充してある。

〈内容〉

(1) 実用性と親しみやすさを考慮し、うちとけた丁寧な言い方である「ヘヨ体」を用いてキャンパス・ライフを扱っている。

(2)「ハングル能力検定試験」の 5 級に含まれる語彙、表現を主に使用している。

言語習得に魔法の杖はありませんが、近道はあります。それは本書で週 1 回学習したことを「毎日 10 分、CD を聞き、音読する」こと。「継続は力なり」です。人間の言語習得を可能にしているのは「海馬（かいば）」と呼ばれる大脳の一部であり、そしてこの海馬という記憶装置を最も効果的に働かせるのは、視覚による黙読よりも「耳から採り入れる音の刺激」であることが、脳科学や認知科学の研究から明らかになっています。再度強調しますが、「毎日 10 分、CD を聞き、音読する」ことが言語習得の近道なのです。是非一年間、これにトライしてみて下さい。執筆者一同、皆さんの一年後を楽しみにしています。

最後になりましたが、本書の出版をご快諾くださった朝日出版社、原稿執筆にご助言と色々お世話いただいた同編集部の山田敏之氏、ならびにさまざまなご指摘・ご意見をお寄せくださった近畿大学非常勤講師の皆様に心から謝意を表します。

平成 23 年 10 月
執筆者一同

さらなる改訂にあたって

近年の学習環境の急速なデジタル化に鑑み、オンラインでの音声配信はもちろん、文化や文法の解説動画、単語学習のできるウェブ教材も加わりました。気軽に利用していただき、皆さんの日々の学習に役立つことを願っています。

令和 5 年 10 月
執筆者一同

目 次

装丁・イラストーMio OGUMA

イントロダクション

1 「韓国語」とは

　この本で学ぶ言語には、朝鮮半島を中心に、アメリカや日本など、世界に 7000 万人を超える話者がいます。日本では「韓国語」「朝鮮語」あるいは「コリア語」などと呼ばれており、大韓民国では「韓国語（ハングゴ）」、朝鮮民主主義人民共和国では「朝鮮語（チョソノ）」などと呼ばれています。この本では「韓国語」と呼ぶことにします。韓国語にはさまざまな方言がありますが、ここでは韓国の標準語である、ソウル方言を学びます。

2 「ハングル」――文字のしくみ

　「ハングル」とは韓国語で用いられる文字の名称であって、言語の名称ではありません。ハングルは、「字母（じぼ）」と呼ばれる、子音や母音を表す要素を組み合わせて 1 文字 =1 音節を構成します。なお、日本語の音節のような子音 + 母音という組み合わせだけでなく、子音 + 母音 + 子音という組み合わせもあります：

子音字母の右側に母音字母がある場合

子音字母の下側に母音字母がある場合

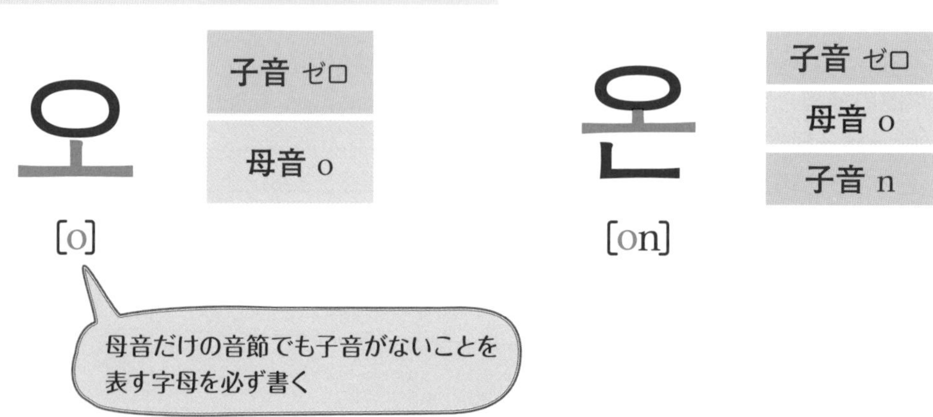

音節の最初に来る子音を「初声（しょせい）」、音節の母音を「中声（ちゅうせい）」、音節の最後に来る子音を「終声（しゅうせい）」と呼びます。日本語の「あ」のように、母音だけで構成される音節の場合にも、必ず初声の部分を埋めなければなりません。

ハングルは15世紀半ば、朝鮮王朝第4代の王である世宗（セジョン）と側近の学者たちによって創られました。この文字は一定の理論に従って創られており、例えば子音をあらわす字母はその音を発音するときの口の形、舌の形などをかたどったものとなっています。また、母音をあらわす字母は、「天(・) 地(ー) 人(ㅣ)」の3つの要素を組み合わせて作られています。

3 日本語とここが似ている

さて、韓国語と日本語は似ているとよく言われます。実際に例を見てみましょう：

어제	도서관에서	빌려	온	논문을	친구한테	보여	줬어요.
昨日	図書館で	借りて	きた	論文を	友達に	見せて	あげました

例文のように、日本語と韓国語との間でほぼ語順が変わらないことが分かります。語順だけでなく、文法的な類似もあります。例えば □ で囲んだ部分は、日本語の「てにをは」に当たる助詞です。また「借りて―くる」「見せて―あげる」のような構造も日本語と似ています。他にも敬語の体系が存在するなど、日本語と韓国語の間には文法的な類似点が多く見られます。

さらに、単語について見てみましょう。韓国語は「漢字語」、すなわち中国語に由来する単語を多く持っており、例文中に下線（＿＿）で示した「도서관（トソグァン）（圖書館）」「논문（ノンムン）（論文）」のように、日本語と同じ漢字語も多く存在します。また、日本語では「図」を「ズ」「ト」のように読むのに対し、韓国語では常に「도（ト）」という音読みだけを用います。その音も一つしかないのが普通で、さらに日本語の音と一定の対応が見られます。日本語と漢字のことばが共通している、また読み方がひと通りしかない、ということは、日本語を母語とする皆さんにとっては大きなメリットです。例えば、「文書」という意味の韓国語は何というでしょうか。「논문（ノンムン）（論文）」の「문（ムン）（文）」、「도서관（トソグァン）（圖書館）」の「서（ソ）（書）」を組み合わせて…、そう、「문서（ムンソ）」が正解です。このように、漢字とその音をセットで覚えておけば、漢字由来の語彙を2倍、3倍と増やすことができるわけです。

登場人物の紹介

池田菜々（いけだ・なな）

英語専攻の大学１年生。韓国語は第二外国語。留学生と楽しい大学生活を送っている女子学生。

王丹（ワン・ダン）

菜々と専攻が同じ中国人留学生。互いに大の仲良し。王丹も韓国語を第二外国語として選択している真面目な女子学生。

張民秀（チャン・ミンス）

韓国人留学生で法学部２年生の男子学生。上の二人とは留学生歓迎会で知り合い、親しくなった先輩。

四訂版

韓国語の世界へ

入門編

—コツコツ学び、カジュアルに話そう—

第1課 文字と発音(1)

◆単母音 ◆初声・その1 ◆半母音 [j] + 単母音 ◆終声・その1

1-1 単母音

02

日本語の「あ、い、う、え、お」にあたる韓国語の単母音は8つあります。それぞれの単母音を表す字母は次のとおりです：

	字母		発音の要領
あ	ㅏ	[a]	日本語の「あ」とほぼ同じ。
い	ㅣ	[i]	日本語の「い」よりも口を横に引いて発音する。
う	ㅜ	[u]	日本語の「う」よりも口を丸くすぼめて発音する。
	ㅡ	[ɯ]	日本語の「う」よりも口を横に引いて発音する。
え	ㅔ	[e]	日本語の「え」よりも口の開きを狭くする。狭い「エ」。
	ㅐ	[ɛ]	日本語の「え」よりも口を開いて発音する。広い「エ」。
お	ㅗ	[o]	日本語の「お」よりも口を丸くすぼめて発音する。狭い「オ」。
	ㅓ	[ɔ]	日本語の「お」よりも口を大きく開いて発音する。広い「オ」。

イントロダクションで見たように、単母音を表す字母だけでは文字として成り立ちません。母音だけを表すときには、無音（子音がないこと）を表す「ㅇ」（イウン）をつけて書きます：

아 이 우 으 에 애 오 어

参考

「ㅔ」と「ㅐ」は、現在のソウル方言ではほとんど区別されなくなっています。日本語の「え」のような発音でかまいません。ただし、書く時には区別するので注意しましょう。

練習 1 発音しながら、書いてみよう。02

아	이	우	으	에	애	오	어

練習 2 次の単語を発音してみよう。03

(1) 아 ああ　(2) 아이 子ども　(3) 애 子ども

(4) 에이 A　(5) 오이 きゅうり　(6) 우애〈友愛〉友愛

(7) 이 この…　(8) 아우 弟、妹　(9) 우아〈優雅〉優雅

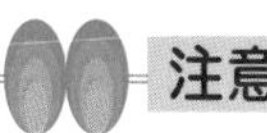

注意

文字を書くときに、教科書の字体にあるような「とめ」、「はね」は不要です。

不要 → 아 ➡ 아 ← こちらの書き方でよい

1-2 初声・その1（鼻音・流音）

イントロダクションで見たように、音節の最初に来る子音を初声といいます。日本語のナ行、マ行の子音のように、肺からの空気が鼻に抜ける音を鼻音（びおん）といいます。また日本語のラ行の子音のように、舌先を軽く弾いて発音する音を流音（りゅうおん）といいます。韓国語の鼻音、流音は以下の字母で表します：

	字母		発音の要領	例
鼻音	ㅁ	[m]	日本語のマ行の子音とほぼ同じ。	미 무
	ㄴ	[n]	日本語のナ行の子音とほぼ同じ。	나 노
流音	ㄹ	[r]	日本語のラ行の子音とほぼ同じ。	래 르

練習 3 発音しながら、書いてみよう。 04

①ㅁ②③	마	미	무	므	메	매	모	머
①ㄴ	나	니	누	느	네	내	노	너
①②③ㄹ	라	리	루	르	레	래	로	러

練習 4 次の単語を発音してみよう。 05

(1) 나 私(わたし)・ぼく　(2) 네 はい　(3) 나라 国

(4) 머리 頭　(5) 너무 あまりにも　(6) 어머니 お母さん、母

(7) 노래 歌　(8) 에러 エラー　(9) 우리 わたしたち

(10) 누나（年下の男性から見た）お姉さん　(11) 어느 どの…

1-3 半母音 [j]＋単母音

日本語のヤ行と同じく、韓国語にも単母音の前に [j] がついた音があります。半母音 [j] がついた母音を表すには、単母音に 1 画を付け加えます：

아 [a]	우 [u]	에 [e]	애 [ɛ]	오 [o]	어 [ɔ]
↓	↓	↓	↓	↓	↓
야 [ja]	유 [ju]	예 [je]	얘 [jɛ]	요 [jo]	여 [jɔ]

注意

「ㅖ」は「ㄴ, ㅅ, ㅇ」以外の子音字母と組み合わさる場合、［ㅔ］と発音されます。

（例） 유례 [유레]〈類例〉 類例

練習 5 発音しながら、書いてみよう。 06

야	유	예	얘	요	여

練習 6 次の単語を発音してみよう。 07

(1) 우유〈牛乳〉牛乳　(2) 예 はい　(3) 우려〈憂慮〉憂慮

(4) 아뇨 いいえ　(5) 요리〈料理〉料理　(6) 이유〈理由〉理由

(7) 여야〈與野〉与野(党)　(8) 얘야 坊や、お嬢ちゃん(呼びかけに使う)　(9) 무료〈無料〉無料

1-4 終声・その1

音節の最後に来る子音を終声といいます。終声を表す字母をパッチムといいますが、これは初声と同じ字母を使います：

	字母		発音の要領	例
鼻音の終声	ㅁ	[m]	日本語で「あんまん」というときの「ん」とほぼ同じ。 唇を閉じて鼻に息を抜く音。	암
	ㄴ	[n]	日本語で「あんない(案内)」というときの「ん」とほぼ同じ。 舌先を上の歯茎の辺りにつけて、鼻に息を抜く音。	안
	ㅇ	[ŋ]	日本語で「あんがい(案外)」というときの「ん」とほぼ同じ。 舌の後ろの方を上あごの方へ持ち上げて、鼻に息を抜く音。	앙
流音の終声	ㄹ	[l]	日本語で「あら」という時に、最後の母音を発音しないで、 舌先を上の歯茎の後ろのほうへしっかりつけて発音する。	알

注意

字母「ㅇ」は、初声の位置では子音がないことを表し発音しませんが、パッチムとしては終声［ŋ］を表します。

08 **練習 7** 発音しながら、書いてみよう。

안	암	앙	알	난	남	낭	날
만	맘	망	말	란	람	랑	랄

09 **練習 8** 次の単語を発音してみよう。

(1) 오늘 今日　(2) 마음 心　(3) 냉면〈冷麵〉冷麺

(4) 메일 メール　(5) 안녕〈安寧〉 バイバイ、元気？

(6) 마을 村　(7) 몸 身体　(8) 영어〈英語〉英語

(9) 언니 (年下の女性から見た) お姉さん

文を作ってみよう：「…です」「…ですか」

母音で終わる体言＋예요.　「…です」(平叙形)

母音で終わる体言＋예요?　「…ですか」(疑問形)

注意 「예요」と書きますが、発音は[에요]となります。

注意 平叙文と疑問文はイントネーションで区別します。疑問文は文末を上げて発音しましょう。疑問文には、文末に必ず「？」をつけます。

10 **練習 9** 次の文を発音してみよう。また、下線部分に他の単語を入れ、発音してみよう。

(1) <u>나라</u>예요? 奈良ですか？

— 아뇨, <u>아오모리</u>예요.　いいえ、青森です。

(2) <u>누나</u>예요? お姉さんですか？

— 아뇨, <u>어머니</u>예요.　いいえ、母です。

(3) <u>얼마</u>예요? いくらですか？

— 무료예요.　無料です。

韓国の街角で

光化門

ソウル駅（旧駅舎）

仁寺洞

明洞

看板

交通カードのチャージ機

地下鉄駅入口の看板

コーヒーショップ

第2課 文字と発音(2)

◆初声・その２◆有声音化◆半母音 [w] + 単母音、二重母音의◆連音化

2-1 初声・その２(平音)

平音の初声は、発音するときに強い息をともなわない音で、日本語のカ行、サ行などの発音と似ています。韓国語の平音は以下の字母で表します：

字母	語頭での発音	語中での発音
ㅂ	[p] 日本語のパ行の子音とほぼ同じ。	[b] バ行の発音とほぼ同じ。
ㄷ	[t] タ、テ、トの子音とほぼ同じ。	[d] ダ、デ、ドの子音とほぼ同じ。
ㄱ	[k] カ行の子音とほぼ同じ。	[g] ガ行の子音とほぼ同じ。
ㅈ	[ʧ] チャ行の子音とほぼ同じ。	[ʤ] ジャ行の子音とほぼ同じ。
ㅅ	[s] サ行の子音とほぼ同じ。ただし、[i] [j] の前では[ʃ] で発音される。	

11 練習１ 発音しながら、書いてみよう。

①③②ㅂ④	바	비	부	브	베	배	보	버
①②ㄷ	다	디	두	드	데	대	도	더
①ㄱ	가	기	구	그	게	개	고	거
①②ㅈ	자	지	주	즈	제	재	조	저
①②ㅅ	사	시	수	스	세	새	소	서

注意

字母「ㄱ」は、母音の左に書かれる場合と、母音の上に書かれる場合とで形が若干異なります。

가　　고

字母「ㅈ」は、手書きの場合とパソコン、印刷での表示とで、異なることがあります。

ス：手書き　　ㅈ：パソコン・印刷など

2
이

練習 2 次の単語を発音してみよう。12

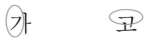

(1) 거리 街、通り　(2) 버스 バス　(3) 주스 ジュース
(4) 다시 再び　(5) 소리 音、声　(6) 사람 人
(7) 정말〈正－〉本当(に)　(8) 동생〈同生〉弟・妹　(9) 선생님〈先生－〉先生

2-2 発音の規則：有声音化 13

2-1 で説明したように、平音の初声のうち「ㅂ, ㄷ, ㄱ, ㅈ」は、語頭では清音(無声音(むせいおん))で、語中では濁音(有声音(ゆうせいおん))で発音されます。次の例を見てみましょう：

(例) 바다 [pada] 海　　아버지 [abɔʤi] お父さん、父　　시간 [ʃigan]〈時間〉時間

ただし、「ㅅ」は語中でも有声音化しません：

(例) 감사 [kamsa]〈感謝〉感謝　　보세요 [posejo] ご覧ください

練習 3 有声音化に注意して、次の単語を発音してみよう。14

(1) 이거 これ　(2) 구두 靴　(3) 바지 ズボン
(4) 일본〈日本〉日本　(5) 시장〈市場〉市場　(6) 운동〈運動〉運動
(7) 야구〈野球〉野球　(8) 공부〈工夫〉勉強　(9) 남자〈男子〉男

15 **練習 4** 次の文を発音し、書いて練習してみよう。

(1) 이거 주스예요?
これ、ジュースですか。

— 아뇨, 우유예요.
いいえ、牛乳です。

(2) 언제 가요?
いつ行きますか。

— 내일 가요.
明日行きます。

(3) 어디서 기다려요?
どこで待ちますか。

— 여기서 기다려요.
ここで待ちます。

(4) 그거 보여 주세요.
それ見せてください。

— 네, 여기요.
ええ、どうぞ。

注意

韓国語では、英語のように単語と単語の間を離して書く分かち書きをします。ただし、助詞や1課で学んだ「…です」など単独で用いることのできない要素は、前の単語につけて書きます。

2-3 半母音 [w]＋単母音　二重母音 의

日本語のワ行と同じく、韓国語にも単母音の前に [w] がついた音があります。半母音 [w] がついた母音を表すには、口を丸くすぼめて発音する「ㅗ，ㅜ」と単母音を組み合わせます：

오	＋ ㅏ	→	와	[wa]
	＋ ㅐ	→	왜	[wɛ]
	＋ ㅣ	→	외	[we]

우	＋ ㅓ	→	워	[wɔ]
	＋ ㅔ	→	웨	[we]
	＋ ㅣ	→	위	[wi]

注意

ソウルの若い世代では、「왜，웨，외」の３つをほとんど区別せず、口を丸くして「ウェ」のように発音されます。発音は同じでも、書くときは単語ごとに異なります。

また、ㅡ[ɯ]とㅣ[i]が組み合わさった二重母音ㅢ[ɯi]があります：

의 [ɯi]

「ㅡ」の口の形のままで、「ㅡ」と「ㅣ」を続けて発音する

練習 5 発音しながら、書いてみよう。 16

와	왜	외	워	웨	위	의

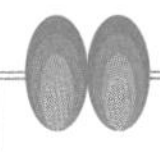
注意

「ㅢ」は、語頭では[ɯi]と発音されますが、語頭以外または子音に続くと[i]と発音されます。

의무 [ɯiːmu]〈義務〉義務　　거의 [kɔi] ほとんど

17 **練習 6** 次の単語を発音してみよう。

(1) 사과〈沙果〉りんご　(2) 돼지 ブタ　(3) 외워요 覚えます
(4) 왜요? なぜですか　(5) 교과서〈教科書〉教科書　(6) 사월〈四月〉四月
(7) 웨이브 ウェーブ　(8) 귀 耳　(9) 쉬워요 簡単です
(10) 의미〈意味〉意味　(11) 주의〈注意〉注意　(12) 예의〈禮儀〉礼儀

18 2-4 発音の規則：連音化

終声の次に母音が続くとき、その終声は次の音節の初声として発音されます：

(例) 단어〈單語〉単語　　　다음에 次に

단어 ⇒ 発音は… [다너]　　다음에 ⇒ 発音は… [다으메]

注意

パッチム「ㅇ」に母音が続く場合、鼻濁音の［ŋ］で発音されます。

고양이[kojaŋi] ネコ　　중앙[ʧuŋaŋ]〈中央〉中央

19 **練習 7** 次の単語を発音してみよう。また、発音するとおりにハングルで書いてみよう。

(1) 월요일〈月曜日〉月曜日　[　　　　]
(2) 얼굴이 顔が　[　　　　]
(3) 밤은 夜は　[　　　　]
(4) 일본어〈日本語〉日本語　[　　　　]
(5) 방에〈房-〉部屋に　[　　　　]
(6) 오늘은 今日は　[　　　　]
(7) 금요일〈金曜日〉金曜日　[　　　　]
(8) 손에 手に　[　　　　]
(9) 영어〈英語〉英語　[　　　　]

文を作ってみよう :「…です」「…ですか」

子音で終わる体言 + 이에요.　　「…です」(平叙形)
子音で終わる体言 + 이에요?　　「…ですか」(疑問形)

注意 平叙文と疑問文はイントネーションで区別します。疑問文は文末を上げて発音しましょう。

練習 8 次の文を発音し、書いて練習してみよう。20

(1) 생일이 언제예요? ______
誕生日はいつですか。

— 일월 삼 일이에요. ______
1月3日です。

(2) 여기가 노서관이에요? ______
ここが図書館ですか。

— 아뇨, 여기는 병원이에요. ______
いいえ、ここは病院です。

(3) 이거 삼만 원이에요? ______
これ3万ウォンですか。

— 아뇨, 사만 원이에요. ______
いいえ、4万ウォンです。

(4) 이거 오만 원이에요? ______
これ5万ウォンですか。

— 아뇨, 이만 원이에요. ______
いいえ、2万ウォンです。

(5) 교과서가 어려워요? ______
教科書が難しいですか。

— 아뇨, 쉬워요. ______
いいえ、簡単です。

第3課 文字と発音(3)

◆初声・その３◆初声・その４◆終声・その２◆濃音化

3-1 初声・その３(激音)

韓国語には激音(げきおん)と呼ばれる初声があります。激音の初声は、発音するときに肺からの強い息をともなうのが特徴です。激音を表す字母は、平音の字母に画(かく)を加えます：

激音			平音	発音の要領
ㅍ	[pʰ]	⬅	ㅂ	日本語のパ行の子音を発音する際、息を強く出す。
ㅌ	[tʰ]	⬅	ㄷ	タ、テ、トの子音を発音する際、息を強く出す。
ㅋ	[kʰ]	⬅	ㄱ	カ行の子音を発音する際、息を強く出す。
ㅊ	[ʧʰ]	⬅	ㅈ	チャ行の子音を発音する際、息を強く出す。
ㅎ	[h]			ハ行と同じ発音。

21 **練習１** 発音しながら、書いてみよう。

ㅍ	파	피	푸	프	페	패	포	퍼
ㅌ	타	티	투	트	테	태	토	터
ㅋ	카	키	쿠	크	케	캐	코	커
ㅊ	차	치	추	츠	체	채	초	처
ㅎ	하	히	후	흐	헤	해	호	허

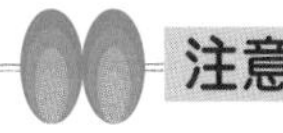

注意

激音は語中でも有声音化せず、常に強い息をともなって発音されます。

기자 [kidʒa] 記者　　기차 [kitʃʰa] 汽車

練習 2 次の単語を発音してみよう。(22)

(1) 카페 カフェ　(2) 스포츠 スポーツ　(3) 노트 ノート
(4) 김치 キムチ　(5) 고추장 コチュジャン　(6) 컴퓨터 コンピュータ
(7) 홍차〈紅茶〉紅茶　(8) 커피 コーヒー　(9) 지하철〈地下鐵〉地下鉄
(10) 희망〈希望〉希望(희の発音については、p.11　練習 5 の「注意」を参照)

3
삼

3-2 初声・その 4（濃音）

濃音(のうおん)は上の激音とは異なり、息をできるだけ出さないよう、喉や唇など発音器官を緊張させて出す音です。濃音を表す字母は、平音の字母を二つ並べて書きます：

濃音			平音	発音の要領
ㅃ	[ʔp]	⬅	ㅂ	息を出さないよう唇に力を入れて、日本語のパ行の子音を発音する。例えば「빠」は「やっぱり」の「っぱ」の部分に似る。
ㄸ	[ʔt]	⬅	ㄷ	喉を緊張させて、タ、テ、トの子音を発音する。例えば「따」は「やった」の「った」の部分に似る。
ㄲ	[ʔk]	⬅	ㄱ	喉を緊張させて、カ行の子音を発音する。例えば「까」は「うっかり」の「っか」の部分に似る。
ㅉ	[ʔʧ]	⬅	ㅈ	喉を緊張させて、チャ行の子音を発音する。例えば「짜」は「ぽっちゃり」の「っちゃ」の部分に似る。
ㅆ	[ʔs]	⬅	ㅅ	息を出さないよう舌を上の歯に押しつけて、サ行の子音を発音する。例えば「싸」は「あっさり」の「っさ」の部分に似る。

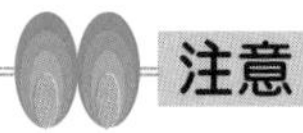

濃音も激音と同様、語中でも有声音化しません。

가자 [kadʒa] 行こう　　가짜 [kaˀtʃa] 偽物

練習 3 発音しながら、書いてみよう。 23

ㅃ	빠	삐	뿌	쁘	뻬	빼	뽀	뻐
ㄸ	따	띠	뚜	뜨	떼	때	또	떠
ㄲ	까	끼	꾸	끄	께	깨	꼬	꺼
ㅉ	짜	찌	쭈	쯔	쩨	째	쪼	쩌
ㅆ	싸	씨	쑤	쓰	쎄	쌔	쏘	써

練習 4 次の単語を発音してみよう。 24

(1) 아까 さっき　(2) 아저씨 おじさん　(3) 뼈 骨

(4) 진짜 本物、本当に　(5) 그때 その時　(6) 빨리 早く

(7) 까치 鵲（かささぎ）　(8) 찌개 チゲ(鍋物)　(9) 또 また

(10) 어깨 肩　(11) 쌀 米　(12) 오빠 (年下の女性から見た)お兄さん

くらべてみよう

(1) 달 月　탈 仮面　딸 娘

(2) 자요. 寝ます。　차요. 冷たいです。　짜요. 塩辛いです。

練習 5 次の文を発音し、書いて練習してみよう。

(1) 오늘은 바빠요?
今日は忙しいですか。

— 아뇨, 안 바빠요.
いいえ、忙しくないです。

(2) 이 치마 어때요?
このスカートどうですか。

— 정말 예뻐요.
本当にかわいいです。

(3) 그 핸드폰 비싸요?
その携帯電話高いですか。

— 아뇨, 싸요.
いいえ、安いです。

(4) 눈이 나빠요?
目が悪いですか。

— 네, 안경이 필요해요.
ええ、眼鏡が必要です。

(5) 찌개가 매워요?
チゲが辛いですか。

— 아뇨, 좀 짜요.
いいえ、ちょっと塩辛いです。

3-3 終声・その2

1-4 で学んだ終声以外に、3 種類の終声があります：

	終声	字母の例	発音の要領	例
閉鎖音の終声	[p]	ㅂ	日本語で「あっぱれ」というときの「っ」とほぼ同じ。 唇を閉じて肺からの息を止める。	압
	[t]	ㄷ	日本語で「あった」というときの「っ」とほぼ同じ。 舌先を上の歯茎の辺りにつけて、肺からの息を止める。	앋
	[k]	ㄱ	日本語で「あっけない」というときの「っ」とほぼ同じ。舌の後ろの方を上あごの方へ持ち上げて、肺からの息を止める。	악

上の 3 つの終声は、さまざまなパッチムによって表されます：

終声	パッチム
[p]	ㅂ ㅍ
[t]	ㄷ ㅌ ㅅ ㅆ ㅈ ㅊ ㅎ
[k]	ㄱ ㅋ ㄲ

（例）
입 [i^{p}] 口
잎 [i^{p}] 葉 ➡[입]

낮 [na^{t}] 昼
낯 [na^{t}] 顔 ➡[낟]

박 [pa^{k}] 〈朴〉朴
밖 [pa^{k}] 外 ➡[박]

練習 6 次の単語を発音してみよう。また、(4)～(9) は、発音するとおりにハングルで書いてみよう。

(1) 밥 ご飯　(2) 곧 すぐに　(3) 대학〈大學〉大学

(4) 밑 [　　　] 下、底　(5) 꽃 [　　　] 花　(6) 옷 [　　　] 服

(7) 부엌 [　　　] 台所　(8) 빚 [　　　] 借金　(9) 앞 [　　　] 前

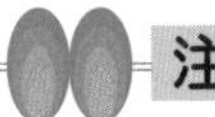

注意

閉鎖音の終声に母音が続く場合にも、2-4 で説明した連音化が起こります：

옷 ：옷이 服が　　앞 ：앞이 前が

[옫] [오시]　　[압] [아피]

練習 7 連音化に注意して発音してみよう。また、発音するとおりにハングルで書いてみよう。29

(1) 밥이 ご飯が
[ ]

(2) 받아요 受け取ります
[ ]

(3) 대학에 大学に
[ ]

(4) 꽃이 花が
[ ]

(5) 있어요 います、あります
[ ]

(6) 같아요 同じです
[ ]

(7) 밑에 下に
[ ]

(8) 잊었어요 忘れました
[ ]

(9) 밖에 外に
[ ]

参考

パッチムにはさまざまな字母が使われますが、その発音としての終声は 7 種類しかありません。これまで学んだ 7 種類の終声をもう一度まとめてみると：

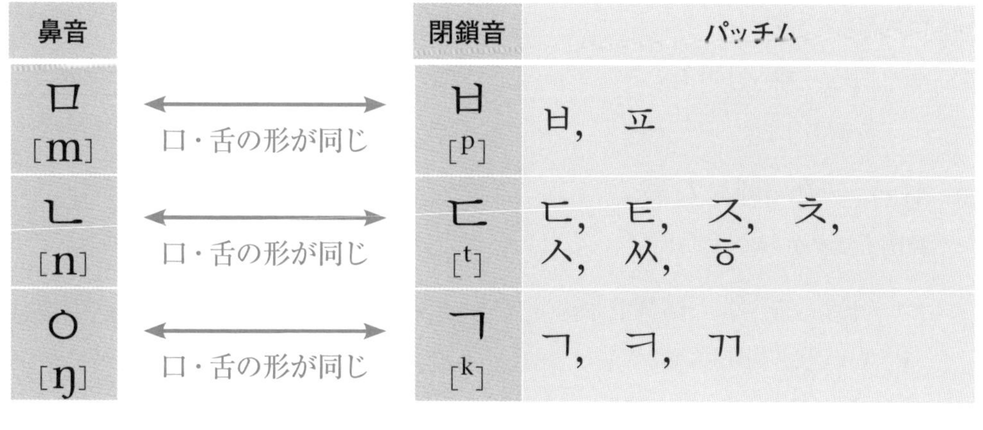

鼻音		閉鎖音	パッチム
ㅁ [m]	←→ 口・舌の形が同じ	ㅂ [p]	ㅂ, ㅍ
ㄴ [n]	←→ 口・舌の形が同じ	ㄷ [t]	ㄷ, ㅌ, ㅈ, ㅊ, ㅅ, ㅆ, ㅎ
ㅇ [ŋ]	←→ 口・舌の形が同じ	ㄱ [k]	ㄱ, ㅋ, ㄲ

流音
ㄹ [l]

※鼻音と閉鎖音とで口・舌の形が対応していることは、第 4 課で学ぶ「鼻音化」など発音の規則と関わりがあります。注意して覚えましょう。

3-4 発音の規則：濃音化 30

3-3 で学んだ閉鎖音の終声に平音の初声「ㅂ, ㄷ, ㄱ, ㅈ, ㅅ」が続くとき、これらの初声は有声音化せずに濃音「ㅃ, ㄸ, ㄲ, ㅉ, ㅆ」として発音されます：

(例) 잡지 〈雜誌〉雑誌
[잡찌]

믿다 信じる
[믿따]

약속 〈約束〉約束
[약쏙]

31 **練習 8** 次の単語を発音してみよう。また、発音するとおりにハングルで書いてみよう。

(1) 학교〈學校〉学校
[　　　　　　　　]

(2) 숙제〈宿題〉宿題
[　　　　　　　　]

(3) 압도〈壓倒〉圧倒
[　　　　　　　　]

(4) 학생〈學生〉学生
[　　　　　　　　]

(5) 옆방〈-房〉隣の部屋
[　　　　　　　　]

(6) 몇 개〈-個〉何個
[　　　　　　　　]

(7) 압박〈壓迫〉圧迫
[　　　　　　　　]

(8) 입수〈入手〉入手
[　　　　　　　　]

(9) 꽃집 花屋
[　　　　　　　　]

32 **練習 9** 次の文を発音し、書いて練習してみよう。

(1) 몇 개 있어요? ______________________

何個ありますか。

— 다섯 개 있어요. ______________________

5 個あります。

(2) 한국 사람이에요? ______________________

韓国人ですか。

— 아뇨, 중국 사람이에요. ______________________

いいえ、中国人です。

(3) 집에서 놀아요? ______________________

家で遊びますか。

— 아뇨, 밖에서 놀아요. ______________________

いいえ、外で遊びます。

(4) 떡볶이 맛있죠? ______________________

トッポッキ、おいしいでしょう。

— 네, 정말 맛있어요. ______________________

ええ、本当においしいです。

(5) 일본은 처음이에요? ______________________

日本は初めてですか。

— 아뇨, 몇 번 왔어요. ______________________

いいえ、何度か来ました。

●かなのハングル表記●

かな	ハングル (　)は語中・語末に使われる場合				
あ　い　う　え　お	아	이	우	에	오
か　き　く　け　こ	가(카)	기(키)	구(쿠)	게(케)	고(코)
さ　し　す　せ　そ	사	시	스	세	소
た　ち　つ　て　と	다(타)	지(치)	쓰	데(테)	도(토)
な　に　ぬ　ね　の	나	니	누	네	노
は　ひ　ふ　へ　ほ	하	히	후	헤	호
ま　み　む　め　も	마	미	무	메	모
や　　ゆ　　よ	야		유		요
ら　り　る　れ　ろ	라	리	루	레	로
わ　　　　を	와				오
ん　　　　っ	ㄴ				ㅅ
が　ぎ　ぐ　げ　ご	가	기	구	게	고
ざ　じ　ず　ぜ　ぞ	자	지	즈	제	조
だ　ぢ　づ　で　ど	다	지	즈	데	도
ば　び　ぶ　べ　ぼ	바	비	부	베	보
ぱ　ぴ　ぷ　ぺ　ぽ	파	피	푸	페	포
きゃ　きゅ　きょ	갸(캬)		규(큐)		교(쿄)
ぎゃ　ぎゅ　ぎょ	갸		규		교
しゃ　しゅ　しょ	샤		슈		쇼
じゃ　じゅ　じょ	자		주		조
ちゃ　ちゅ　ちょ	자(차)		주(추)		조(초)
ひゃ　ひゅ　ひょ	햐		휴		효
びゃ　びゅ　びょ	뱌		뷰		뵤
ぴゃ　ぴゅ　ぴょ	퍄		퓨		표
みゃ　みゅ　みょ	먀		뮤		묘
りゃ　りゅ　りょ	랴		류		료

(例) 日本の地名や人名のハングル表記

(1) 渋谷　시부야　＊語中・語末の濁音

(2) 岐阜　기후　＊語頭の濁音

(3) 川崎　가와사키　＊語中・語末の清音

(4) 鳥取　돗토리　＊「っ」はパッチム「ㅅ」

(5) 大阪　오사카　＊長音は原則表記しない

(6) 近畿　긴키　＊「ん」はパッチム「ㄴ」

(7) 松本　마쓰모토　＊「つ」は原則「쓰」

(8) 伸一　신이치　＊発音すると？

☆自分の名前、大学名、住んでいるところなどをハングルで書いてみよう。

제 4 과 한국 사람입니다.

——韓国人です。

◆-는 / 은 ◆-입니다・-입니까？ ◆-(이)라고 합니다

～留学生の歓迎会で、王丹と池田菜々が張民秀の名札を見て話しかける～

33

왕단	: 저…, 한국 분입니까?
장민수	: 네, 한국 사람입니다.
왕단	: 저는 왕단이라고 합니다.
이케다	: 안녕하세요? 제 이름은 이케다 나나입니다.
장민수	: 아, 네. 반갑습니다. 저는 장민수라고 합니다.

王丹	：あの…、韓国の方ですか。
張民秀	：はい、韓国人です。
王丹	：私は王丹と申します。
池田	：こんにちは。 私の名前は池田菜々です。
張民秀	：あ、はい。お会いできてうれしいです。 私は張民秀といいます。

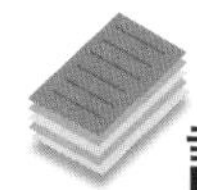

語彙と表現

▼単語学習セット「Quizlet」

저	あのう、ええと
한국〈韓國〉	韓国
분	方(かた)
-입니까?	…ですか(☞4-2)
네	はい、ええ
사람	人(ひと)
-입니다	…です(☞4-2)
저	私(わたくし)
-는/은	…は(☞4-1)
-(이)라고 합니다	…といいます/…と申します(☞4-3)
안녕하세요?〈安寧-〉	こんにちは、はじめまして
제	私の…
이름	名前
아	ああ、あっ
반갑습니다	(お会いできて)うれしいです

発音

한국 분입니까? [한국 뿌님니까?]　　한국 사람입니다 [한국 싸라밈니다]

왕단이라고 [왕다니라고]　　합니다 [함니다]　　이름은 [이르믄]

나나입니다 [나나임니다]　　반갑습니다 [반갑씀니다]

鼻音化 34

終声の［ㅂ］［ㄷ］［ㄱ］に「ㄴ」または「ㅁ」が続くと、終声の［ㅂ］［ㄷ］［ㄱ］はそれぞれ対応する鼻音［ㅁ］［ㄴ］［ㅇ］で発音されます：

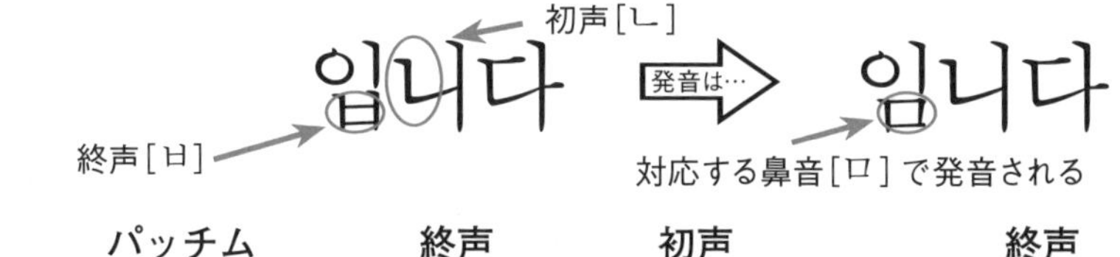

パッチム		終声		初声		終声		初声
ㅂ, ㅍ	=	ㅂ [p]	+	ㄴ, ㅁ	➡	[ㅁ]	+	ㄴ, ㅁ
ㄷ, ㅌ, ㅅ, ㅆ, ㅈ, ㅊ, ㅎ	=	ㄷ [t]	+	ㄴ, ㅁ	➡	[ㄴ]	+	ㄴ, ㅁ
ㄱ, ㅋ, ㄲ	=	ㄱ [k]	+	ㄴ, ㅁ	➡	[ㅇ]	+	ㄴ, ㅁ

(例) 입니다 [임니다] …です　옷만 [온만] 服だけ　학년 [항년]〈學年〉学年

☆発音するとおりにハングルで書いてみよう。

(1) 안녕하십니까？こんにちは。 (2) 있는 ある…・いる… (3) 육만 六万

[　　　　　　]　[　　　　　　]　[　　　　　　]

4 사

35 4-1 −는/은「…は」

日本語の「…は」にあたる韓国語の助詞。主題・トピックを表します：

母音で終わる体言 −는	…は
子音で終わる体言 −은	

① 학교는 学校は　　② 집은* [지븐] 家は

＊子音で終わる体言に「−은」がつくと、連音化(p.12 参照)が起こります。

練習 1 次の体言に「…は」を表す助詞をつけて書き、発音してみよう。(4)〜(6)は、発音するとおりにハングルで書いてみよう。

(1) 친구〈親舊〉友だち　　(2) 선배〈先輩〉先輩　　(3) 대학교〈大學校〉大学

__________　　__________　　__________

(4) 선생님〈先生-〉先生　　(5) 이것 これ　　(6) 일본〈日本〉日本

__________　　__________　　__________

[　　　　]　　[　　　　]　　[　　　　]

36 4-2 −입니다「…です」・−입니까？「…ですか」

体言について、日本語の「…です／ですか」にあたる韓国語の丁寧表現：

体言 −입니다.	…です。(平叙形)
体言 −입니까?	…ですか。(疑問形)

① 이케다 씨입니다.* [이케다씨임니다]　池田さんです。

＊입니다の発音は鼻音化し(p.23参照)、[임니다] となります。

② 오늘입니까?* [오느림니까]　今日ですか。

＊子音で終わる体言の場合、連音化(p.12参照)が起こります。

練習 2 例にならい、「…ですか」をつけて質問してみよう。それに対し「はい、…です」「いいえ、…です」で答えてみよう。

(例) 친구 友だち / 동생〈同生〉弟・妹　　친구입니까?

네, 친구입니다. 아뇨, 동생입니다.

(1) 후배〈後輩〉後輩 / 선배 先輩　　________________?

________________　________________

(2) 학생〈學生〉学生 / 선생님 先生　　________________?

________________　________________

(3) 한국 사람 韓国人 / 일본 사람 日本人　________________?

________________　________________

4 사

練習 3 次の図は池田さんの家族(가족)です。次の質問に答えてみよう。

누구입니까? 誰ですか。

(1) ________________

(2) ________________

(3) ________________

〈이케다 씨 가족〉

37

4-3 –(이)라고 합니다「…と申します、…といいます」

体言について、自己紹介やものの名前を言う時に使います：

母音で終わる体言	–라고 합니다	…と申します／…といいます
子音で終わる体言	–이라고 합니다	

① 저는 이케다 나나라고 합니다.　　私は池田菜々と申します。

② 저는 왕단이라고 합니다.*　　私は王丹と申します。

＊子音で終わる体言に「–이라고」がつくと、連音化(p.12 参照)が起こります。

③ (消しゴムを指しながら)이것은 "지우개" 라고 합니다.　　これは「지우개」といいます。

④ (鉛筆を指しながら)이것은 "연필" 이라고 합니다.　　これは「연필」といいます。

練習 4 次の体言を用いて「…と申します。」「…といいます。」という表現を書き、発音してみよう。

(1) 사사키　　(2) 김태희〈金泰希〉　　(3) 교과서〈教科書〉教科書

(4) 이토 준　　(5) 이병헌〈李炳憲〉　　(6) 책〈冊〉本

練習 5 次の日本語を参考にして、韓国語で簡単な自己紹介をしてみよう。

こんにちは。 ----------------

私は○○（自分の名前）と申します。 ----------------

○○（通っている大学名）大学の学生です。 ----------------

お会いできてうれしいです。 ----------------

4課の復習

1. 次の文を韓国語に直し、対話練習をしてみよう。

A: こんにちは。

____

私は○○(自分の名前) といいます。

____

B: ええ、こんにちは。

____

私の名前は朴民俊(박민준) です。

____

お会いできてうれしいです。

____

2. 次の対話を日本語に直し、韓国語部分をペアで練習してみよう。

(民秀と池田が電話で話している)

이케다: 지금 학교입니까?(지금〈只今〉今)

____

장민수: 아뇨, 집입니다. 이케다 씨는 학교입니까?

____

이케다: 네, 학교입니다.

____

장민수: 한국어 수업입니까? (한국어〈韓國語〉韓国語、수업〈授業〉授業)

____

이케다: 네, 김 선생님 수업입니다.(김〈金〉金:韓国人の姓)

____

まとめ４

☆音声を聞き、（　　）内にハングルで書き入れてみよう。

38

1. (　　　　　　　　　　　　　　　　　　　)?
2. 저 (　　　　　) 이케다 나나 (　　　　　) 합니다.
3. 저 (　　　　　) 왕단 (　　　　　) 합니다.
4. 선생님 (　　　　　) (　　　　　) 사람입니까?
5. 아뇨, (　　　　　) 사람 (　　　　　).

39 ☆あいさつことば

안녕하세요? / 안녕하십니까? (こんにちは。／おはようございます。／こんばんは。)
처음 뵙겠습니다. (はじめまして。)
만나서 반갑습니다. (お会いできて嬉しいです。)

감사합니다. / 고맙습니다. (ありがとうございます。)

아니에요. (いいえ。)

죄송합니다. (申し訳ありません。) **/ 미안합니다.** (ごめんなさい。)

괜찮아요. (大丈夫です。)

안녕히 가세요. (さようなら。) ＊見送る人が去る人に

안녕히 계세요. (さようなら。) ＊去る人が見送る人に

안녕! (じゃあね。)

잘 가! (バイバ～イ)

잘 먹겠습니다. (いただきます。)

잘 먹었습니다. (ごちそうさまでした。)

☆가나다라 노래

＊この歌で韓国語の子音字母とその順序を覚えましょう！ 英語のABCの歌のメロディーと同じです。

☆授業中によく使われる表現

1. 자, 수업 시작하겠습니다.	では、授業を始めます。
2. ○○페이지 펴 보세요.	○○ページを見てください。
3. 잘 들으세요.	よく聞いてください。
4. (같이) 따라하세요.	(一緒に) 続けて言ってください。
5. 읽어 보세요.	読んでください。
6. 써 보세요.	書いてください。
7. (둘이서) 말해 보세요.	(二人で) 話してください。
8. 맞아요. / 틀려요.	合っています。／間違っています。
9. 잘 했어요.	よくできました。
10. 알겠습니까? —네, 알겠습니다. —아뇨, 잘 모르겠습니다.	わかりましたか。—はい、わかりました。 —いいえ、よくわかりません。
11. 질문 있어요? —네, 있어요. —아뇨, 없어요.	質問ありますか。—はい、あります。 —いいえ、ありません。
12. 수업을 마치겠습니다.	授業を終えます。
13. 수고하셨습니다.	お疲れさまでした。

豆知識  自己紹介：初対面でもいろいろ紹介する 

日本では自己紹介をする時、どんなことを相手に伝えますか。

名前や大学、学部、学年などですね。

では、年齢や家族構成、家族の職業はどうですか。

初対面の相手にはあまり言わないと思います。親しくなりながら少しずつ話していくのではないでしょうか。

私もそう思います。しかし、韓国では初対面でもいろいろな情報を交換します。特に、年齢や学籍番号(학번)は必ずと言っていいほど教えあう場合が多いです。これは、韓国語にも敬語があって、相手の年齢によって尊敬語や友だちことば等の言葉遣いが違ってくるからです。

제 5 과 한국어는 전공이 아니에요.

——韓国語は専攻ではありません。

◆-가 / 이 ◆-예요 / 이에요 (?) ◆-가 / 이 아니에요

～留学生歓迎会の会場で～

42

장민수 : 이케다 씨는 한국어가 전공이에요?

이케다 : 아뇨, 한국어는 전공이 아니에요.

장민수 : 그럼, 한국어는 제이 외국어예요?

이케다 : 네. 제 전공은 영어예요.
장민수 씨는 전공이 뭐예요?

장민수 : 저는 법학이에요.

張民秀 : 池田さんは韓国語が専攻ですか。
池田 : いいえ、韓国語は専攻ではありません。
張民秀 : じゃあ、韓国語は第二外国語ですか。
池田 : はい。私の専攻は英語です。
張民秀さんは、専攻は何ですか。
張民秀 : 私は法学です。

語彙と表現

▼単語学習セット「Quizlet」

씨	…さん
-가/이	…が (☞ 5-1)
전공〈專攻〉	専攻
-이에요?/예요?	…ですか (☞ 5-2)
-이/가 아니에요	…ではありません (☞ 5-3)
그럼	じゃあ、では
제이 외국어〈第二 外國語〉	第二外国語
영어〈英語〉	英語
-예요/이에요	…です (☞ 5-2)
뭐	何
법학〈法學〉	法学

発音

한국어가 [한구거가]　　한국어는 [한구거는]

제이 외국어에요 [제이외구거에요]　　법학이에요 [버파기에요]

激音化 43

終声の［ㅂ］［ㄷ］［ㄱ］に［ㅎ］が続くと、それぞれ対応する激音［ㅍ］［ㅌ］［ㅋ］で発音されます：

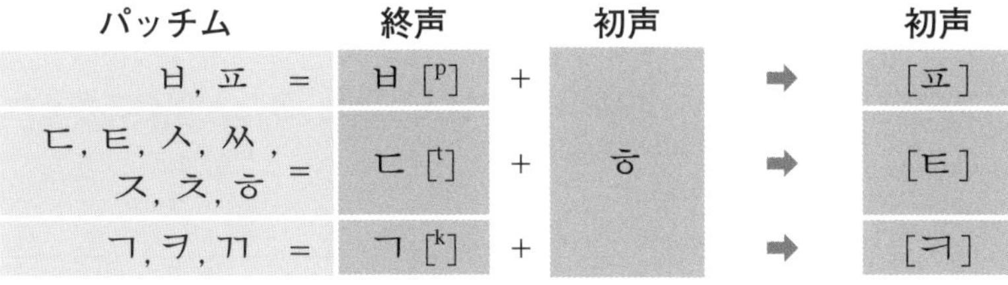

パッチム		終声		初声		初声
ㅂ, ㅍ	=	ㅂ [p]	+	ㅎ	➡	[ㅍ]
ㄷ, ㅌ, ㅅ, ㅆ, ㅈ, ㅊ, ㅎ	=	ㄷ [t]	+		➡	[ㅌ]
ㄱ, ㅋ, ㄲ	=	ㄱ [k]	+		➡	[ㅋ]

(例) 법학 [버팍] 法学　　못해요 [모태요] できません　　축하 [추카]〈祝賀〉お祝い

☆発音するとおりにハングルで書いてみよう。

(1) 급해요 急ぎます　[　　　　]

(2) 백화점〈百貨店〉デパート　[　　　　]

(3) 낮하고 昼と　[　　　　]

44

5-1 -가 / 이「…が」

日本語の「…が」にあたる韓国語の助詞。文の主語を表します：

母音で終わる体言 -가	…が
子音で終わる体言 -이	

① 한국어가 전공입니다.　　韓国語が専攻です。

② 선생님이 한국 사람입니다.　　先生が韓国人です。

参考

「これは何ですか。」のように、疑問詞（무엇：何、어디：どこ…等）を用いた疑問文では、普通「…は」にあたる助詞として「-가 / 이」を用います。

（例）이름이 무엇입니까?　　名前は何ですか。

학교가 어디입니까?　　学校はどこですか。

練習 1 次の体言に「…が」を表す助詞をつけて書き、発音してみよう。(4)～(6)は、発音するとおりにハングルで書いてみよう。

(1) 학교 学校　　(2) 지우개 消しゴム　　(3) 시계〈時計〉時計

__________　　__________　　__________

(4) 교실〈教室〉教室　　(5) 수업 授業　　(6) 연필 鉛筆

__________　　__________　　__________

[　　　　]　　[　　　　]　　[　　　　]

練習 2 次の文の（　）内に「…が」にあたる助詞を入れてみよう。また、できあがった文を日本語に訳してみよう。

(1) 일본어(　　) 전공입니다.　　________________

(일본어〈日本語〉日本語)

(2) 집(　　) 오사카입니까?　　________________

(오사카 大阪)

(3) 전공(　　) 한국어입니까?　　________________

(4) 친구(　　) 한국 사람입니다.　　________________

5-2 −예요 / 이에요(?) 「…です」「…ですか」

体言について、日本語の「…です」「…ですか」にあたる韓国語の丁寧表現：

…です。	…ですか。
母音で終わる体言 −예요.	母音で終わる体言 −예요?
子音で終わる体言 −이에요.	子音で終わる体言 −이에요?

① 집이 어디예요? 家はどこですか。

— 교토예요. 京都です。

② 이것은 사전이에요? これは辞書ですか。

— 아뇨, 일본어 책이에요. いいえ、日本語の本です。

注意 疑問文は、文末のイントネーションを上げて発音します。また、「−예요」の発音は[에요]となります。

参考：「합니다体」と「해요体」

日本語と異なり、韓国語では丁寧な「です・ます体」において、「あらたまった、硬い言い方」と「うちとけた、柔らかい言い方」の二つの文体があります。4 課で学んだ「−입니다.」「−입니까?」は硬い文体にあたり、「합니다体」と呼ばれます。ここで学ぶ「−예요 /−이에요(?)」は柔らかい文体で「해요体」と呼ばれます。どちらも丁寧な言い方である点に注意しましょう。実際の会話では해요体がよく用いられます。

練習 3 例にならい、합니다体と해요体でそれぞれ「…です」という表現を書いて発音してみよう。

(例) 학교 ⇒ 학교입니다. 학교예요.

(1) 교과서 教科書 ______. ______.

(2) 메일 メール ______. ______.

(3) 교실 教室 ______. ______.

(4) 동생 弟・妹 ______. ______.

46 5-3 -가 / 이 아니에요「…ではありません」

体言について、日本語の「…ではありません」にあたる韓国語の否定表現：

母音で終わる体言	-가 아니에요.	…ではありません。
子音で終わる体言	-이 아니에요.	

① 학교는 여기가 아니에요.　　学校はここではありません。

② 이것은 일본어 책이 아니에요?*　　これは日本語の本ではありませんか。

＊文末のイントネーションを上げると疑問文になります。

練習 4 例にならい、「…ではありません」と言ってみよう。

(例) 학교 学校 ⇒ 학교가 아니에요. 学校ではありません。

(1) 사전〈辭典〉辞書 ________________

(2) 형〈兄〉(男性からみた) 兄 ________________

(3) 컴퓨터 コンピューター ________________

(4) 오빠 (女性から見た) 兄 ________________

練習 5 例にならい、「Aですか」「いいえ、Aではありません。Bです」と答えてみよう。

(例) A : 학생 学生　B : 선생님 先生

학생이에요 ?　　—아뇨, 학생이 아니에요. 선생님이에요.

(1) A : 여자 친구〈女子 親舊〉女の友だち、彼女　B : 후배 後輩

________　________________

(2) A : 바지 ズボン　B : 치마 スカート

________　________________

(3) A : 우산〈雨傘〉雨傘　B : 양산〈陽傘〉日傘

________　________________

5課の復習

1. 下の □ の中から単語を選んで文章を完成させ、対話練習をしてみよう。

(1) A: ○○(相手の名前)씨는 ______________ 가 제이 외국어예요?

B: 네, 제 제이 외국어는 ______________ 예요.

(2) A: ○○(相手の名前)씨는 ______________ 가 제이 외국어예요?

B: 아뇨, ______________ 는 제이 외국어가 아니에요.

A: 그럼 제이 외국어가 뭐예요?

B: 저는 ______________ 예요.

독일어〈獨逸語〉ドイツ語、스페인어 スペイン語、이탈리아어 イタリア語、중국어〈中國語〉中国語、프랑스어 フランス語

2. 下線部を変えて「A が専攻ですか」「いいえ、専攻は A ではありません。B です」と言ってみよう。

(例) A: 법학 法学　　B: 농학 農学

<u>법학</u>이 전공이에요?

—아뇨, 전공은 <u>법학</u>이 아니에요. <u>농학</u>이에요.

(1) A: 경제학 経済学　　B: 공학 工学

(2) A: 건축학 建築学　　B: 약학 薬学

(3) A: 문학 文学　　B: 경영학 経営学

参考 学部の名称

학부〈學部〉学部：건축학〈建築學〉建築学、경영학〈經營學〉経営学、경제학〈經濟學〉経済学、농학〈農學〉農学、문예학〈文藝學〉文芸学、법학〈法學〉法学、약학〈藥學〉薬学、이공학〈理工學〉理工学、종합사회학〈綜合社會學〉総合社会学、인문학〈人文學〉人文学、교양학〈教養學〉教養学、외국어학〈外國語學〉外国語学、국제관계학〈國際關係學〉国際関係学、사회학〈社會學〉社会学、상학〈商學〉商学、종합정책학〈綜合政策學〉総合政策学、환경정보학〈環境情報學〉環境情報学、교육학〈教育學〉教育学、의학〈醫學〉医学

＊韓国では総合大学のことを「대학교 大学校」、学部のことを「대학〈大學〉大学」といいます。

(例) 서울<u>대학교</u> 인문<u>대학</u> 국어국문학과 〈서울大學校 人文大學 國語國文學科〉

→日本の学制に当てはめるなら…　「ソウル<u>大学</u>　人文<u>学部</u>　国語国文学科」

제 6 과 강의실은 계단 옆에 있어요.

——教室は階段の横にあります。

◆漢数詞 ◆-에 ◆있어요・없어요

～張民秀が王丹に授業のことをたずねている～

47

장민수 : 왕단 씨, 오늘 한국어 수업 있어요?

왕단 : 아뇨, 없어요. 내일 있어요.

장민수 : 그래요? 몇 교시에 있어요?

왕단 : 3(삼) 교시에 있어요.

장민수 : 강의실은 어디예요?

왕단 : A(에이) 관 204(이백사) 호실이에요.

계단 바로 옆에 있어요.

張民秀 : 王丹さん、今日韓国語の授業、ありますか。
王丹 : いいえ、ありません。明日あります。
張民秀 : そうですか。何限にありますか。
王丹 : 三限にあります。
張民秀 : 教室はどこですか。
王丹 : A館の204号室です。
階段のすぐ横にあります。

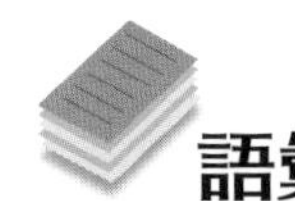

語彙と表現

▼単語学習セット「Quizlet」

있어요?	ありますか (☞ 6-3)
없어요	ありません (☞ 6-3)
내일〈來日〉	明日、あした
있어요	あります
몇	何、いくつの…
교시〈校時〉	…限、…時間目
-에	…に (☞ 6-2)
강의실〈講義室〉	講義室、教室
A (에이) 관〈A館〉	A 館
호실〈號室〉	号室
계단〈階段〉	階段
바로	すぐ、まさに
옆	横、隣

6 육

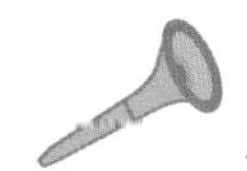

発音

있어요 [이써요]　　없어요 [업써요]　　몇 교시에 [면 꾜시에]

강의실은 [강이시른]　　어디예요 [어디에요]

204호실이에요 [이백싸호시리에요]　　옆에 [여페]

二つの字母からなるパッチムの発音 48

二つの字母からなるパッチムは、単独で読む場合、あるいは後ろに子音が続く場合、多くは左側の文字を読みます。ㄻ [ㅁ], ㄿ [ㅂ], ㄺ [ㄱ] のみ右側の文字を読みます：

パッチム		終声
ㅄ	➡	[ㅂ]
ㄳ	➡	[ㄱ]
ㄵ ㄶ	➡	[ㄴ]
ㄽ ㄾ ㅀ ㄼ*	➡	[ㄹ]

＊밟다「踏む」のみ [밥따]と発音する

(例) 없다 [업따] ない、いない　　여덟 [여덜] やっつ　　앉는 [안는] 座る～

ただし、後ろに母音が続く場合には二文字とも読み、連音化や濃音化などが起こります：

(例) 앉아요 [안자요] 座ります　　없어요 [업써요] ありません、いません

6-1 漢数詞

韓国語の数詞には、日本語の「一(イチ)、二(ニ)、三(サン)、…」にあたる漢数詞と、「ひとつ、ふたつ、…」にあたる固有数詞があります。ここではまず漢数詞を覚えましょう：

一	二	三	四	五	六	七	八	九	十
일	이	삼	사	오	육	칠	팔	구	십

百	千	万	億	兆
백	천	만	억	조

11（十一）⇒십일　　16（十六）⇒십육［심뉵］　　21（二十一）⇒이십일

543（五百四十三）⇒오백사십삼　　6,805（六千八百五）⇒육천팔백오

319,700（三十一万九千七百）⇒삼십일만 구천칠백

注意 「1万」で始まるときは先頭に「일」をつけません。

11,100（一万千百）⇒만 천백

練習1 次の数字をハングルで書いてみよう。

(1) 15,000　　(2) 647,800　　(3) 253

____________　____________　____________

参考：漢数詞とともに使われる助数詞

①…年（년）…月（월）…日（일）：

이천십이 년 십이월 이십팔 일（2012年12月28日）

注意 6月は「유월」、10月は「시월」となります（時を表すことば⇒p.64）。

②貨幣の単位　…ウォン（원）、…円（엔）：오만 원（5万ウォン）、삼백 엔（300円）

③…階（층〈層〉）、…号室（호실〈號室〉）など：삼 층（3階）、이백오 호실（205号室）

練習2 次の表現をハングルで書いてみよう。

(1) 18,000ウォン　　(2) 5月31日　　(3) 6階

____________　____________　____________

(4) 自分の誕生日　　(5) 309号室

____________　____________

생일이 언제예요?
誕生日はいつですか？

6-2 ー에「…に(時間・場所)」 50

日本語の「…に」にあたる韓国語の助詞。時間・存在の場所を表します：

体言 ー에	…に

① 삼 교시에　三限に　　② 집에　家に

練習3 次の体言に「…に」を表す助詞をつけて書き、発音してみよう。(4)～(6)は、発音するとおりにハングルで書いてみよう。

(1) 일 교시 一限目　(2) 도서관 뒤 図書館の裏　(3) 오후〈午後〉午後

__________　__________　__________

(4) 교실 教室　(5) 식당 앞 食堂の前　(6) 아침* 朝

__________　__________　__________

[　　　]　[　　　]　[　　　]

*「朝、パンを食べます」のように時間を表す名詞が副詞的に用いられる場合、韓国語では「ー에」をつけます。例外として、어제(昨日)、오늘(今日)、내일(明日)には「ー에」をつけません。

参考：位置を表す名詞

앞 前 ⇔ 뒤 後ろ

위 上 ⇔ 아래 / 밑 下

옆 横

왼쪽 左側 ⇔ 오른쪽 右側

밖 外 ⇔ 안 / 속 中

▶밑と안：具体的な位置を示す時によく使われる。

▶아래と속：より抽象的、かつ広い意味で使われる。

☆右の絵を参考に、位置を表す名詞を使って、韓国語で表現してみよう。

6-3 있어요「あります／います」・없어요「ありません／いません」

人やものの存在の有無を表す表現です。日本語とは違い「ある」と「いる」、「ない」と「いない」を区別しません：

있어요	あります／います
없어요	ありません／いません

① 한국어 수업이 있어요.　　韓国語の授業があります。
② 교실에 친구가 있어요?　　教室に友だちがいますか。
③ 민수 씨가 집에 없어요.　　民秀さんが家にいません。
④ 오늘은 영어 수업이 없어요?　　今日は英語の授業がありませんか。

注意 疑問文は、文末のイントネーションを上げて発音します。

練習 4 例にならい、(　) 内の単語を使って、質問文を作ってみよう。また、できた文を使ってペアで練習してみよう。

(例) (교실, 친구) 교실에 친구가 있어요?— 네, 있어요. (아뇨, 없어요.)

(1) (학생 식당 学生食堂, 김치 キムチ) ____________________

(2) (도서관 図書館, 학생 学生) ____________________

(3) (내일 오후 明日の午後, 약속 約束) ____________________

練習 5 「A の B に何がありますか (いますか)」と質問して、☐ 内の単語から選んで答えてみよう。

(例) A : 자동차　B : 밑　質問 : 자동차 밑에 뭐가 있어요?　　答え : 고양이가 있어요.

(1) A : 책상〈冊床〉机　　B : 위 ____________________

(2) A : 학교　　B : 앞 ____________________

(3) A : 가방 カバン　　B : 안 ____________________

~~고양이~~ 식당 컴퓨터 연필

6 課の復習

1. 下の絵を見て教室のどこに誰がいるか、何があるか、説明してみよう。使用する単語は下記の □ を参考にしよう。また、今いる教室についても表現してみよう。

(例) 강의실 안에 학생이 있어요.

(1) 선생님 뒤에 ______

(2) 책상 옆에 ______

(3) ______

(4) ______

(5) 教室を見て ______

위	학생	앞	시계	컴퓨터	가방	책상	선생님

2. 次の表は池田さんの今日と明日の予定表です。例のように説明してみよう。また、皆さんの場合はどうですか。隣の人に説明してみよう。

교시 時限	오늘 今日	내일 明日
1교시		약속
2교시	영어 수업	
3교시	한국어 수업	
4교시		경제학 수업
5교시	친구 생일 파티*	아르바이트*

* 파티 パーティー　　* 아르바이트 アルバイト

(例) 오늘 2교시에 영어 수업이 있어요.

(1) ______

(2) ______

(3) ______

6 육

まとめ５、６

☆ここまでの単語と表現の中からいくつか発音と意味を復習してみよう。

〈問題1〉音声を聞いて（　　）内のハングルを正しく並べかえてみよう。

① (안/해/요/미)	② (찮/아/괜/요/?)	③ (없/요/어)	④ (국/어/수/한/업)	⑤ (예/어/디/요/?)

〈問題2〉1.～5. の状況に合う表現を〈問題 1〉から選んで書き、発音してみよう。

1. 人がケガをしました。その人にかける言葉は何でしょうか。（　　　　　　　　）
2. 場所を尋ねるときに使う表現です。（　　　　　　　　）
3. みなさんが今受けている授業はなんですか。（　　　　　　　　）
4. 人や物が存在しないことを表す表現です。（　　　　　　　　）
5. あやまる時に使う表現です。（　　　　　　　　）

〈プラスアルファ：漢字音について〉

日本語の漢字音と韓国語の漢字音にはいくつかの共通点があります。

(1) 音の最後が「イ・ウ」であれば、「ㅇ」で終わることが多いです。

セイ	ケイ	ケイ	ネイ	チュウ	クウ	ジョウ	コウ	ツウ	ノウ
生	経	兄	寧	中	空	上	工	通	農
생	경	형	녕	중	공	상	공	통	농

(2) 音の最後が「キ・ク」であれば、「ㄱ」で終わることが多いです。

エキ	セキ	レキ	ヤク	カク	ガク	モク	キョク	ガク	コク
駅	席	歴	薬	各	楽	木	局	学	国
역	석	력	약	각	악	목	국	학	국

(3) 音の最後が「チ・ツ」であれば、「ㄹ」で終わることが多いです。

ニチ	シチ	ハチ	シツ	テツ	セツ	ブツ	タツ	ベツ	ブツ
日	七	八	室	鉄	雪	仏	達	別	物
일	칠	팔	실	철	설	불	달	별	물

(4) 音の最後が「ン」であれば、「ㄴ，ㅁ」で終わります。

カン	カン	アン	サン	ハン	マン	キン	テン	ダン	サン
漢	間	安	山	半	万	金	点	男	三
한	간	안	산	반	만	금	점	남	삼

韓国の食べ物

⇒ さまざまな韓国料理（한국 요리）を、WEB の映像で見てみよう！ 

비빔밥（ビビンバ）

부침개（チヂミ）

불고기（プルゴギ）

냉면（冷麺）

백김치（白キムチ）

삼계탕（参鶏湯）

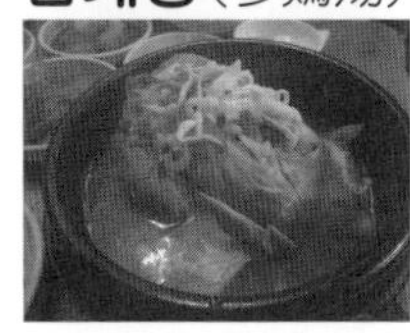

된장찌개（味噌チゲ）

잡채（韓国風春雨）

김밥（のり巻き）

떡국（雑煮）

삼겹살（豚の三枚肉の焼き肉）

구절판（九折板（クジョルパン））

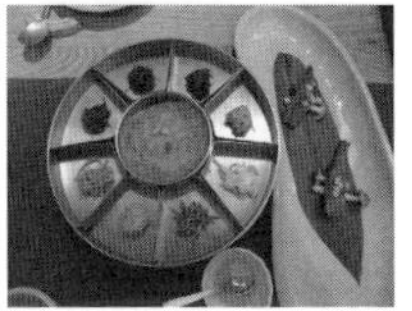

豆知識

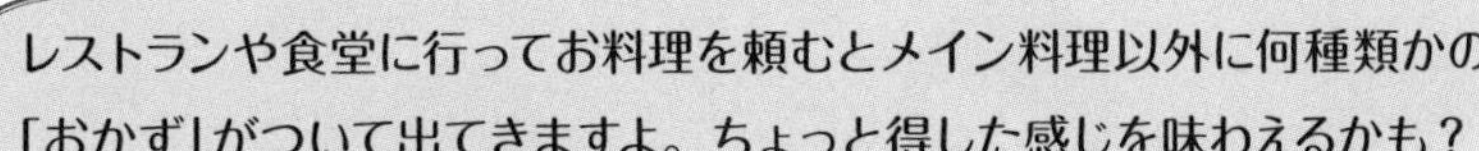

レストランや食堂に行ってお料理を頼むとメイン料理以外に何種類かの「おかず」がついて出てきますよ。ちょっと得した感じを味わえるかも？

プルゴギ（불고기）＝焼肉ではありません。プルゴギをあえて日本の料理に当てはめると「すき焼き」になるかな？　どちらの料理も家庭料理なんですね。

みなさん、ひょっとして韓国にはキムチってすべて真っ赤な唐辛子入りのものしかないと思っていませんか？　白いキムチもありますよ。なお、唐辛子には「北米→（コロンブスによって）ヨーロッパ諸国→（ポルトガル人によって）日本→朝鮮→博多（明太子）」という経由の歴史があります。

제 7 과 오후에 시간 괜찮아요?

――午後、時間大丈夫ですか。

◆해요体の作り方(1) ◆-를 / 을 ◆-도

～張民秀が芝生に座って本を読んでいる池田を見かけて～

53

장민수	: 이케다 씨, 무슨 책을 읽어요?
이케다	: 전공 책이에요. 민수 씨도 여기 앉아요.
장민수	: 네. 참! 오후에 시간 괜찮아요?
이케다	: 미안해요. 오늘은 수업이 많아요.
장민수	: 혹시 왕단 씨 핸드폰 번호 알아요?
이케다	: 네, 잠시만요. 010-4257-3698 (공일공 사이오칠 삼육구팔) 번이에요.

張民秀	：池田さん、何の本を読んでいますか。
池田	：専攻の本です。民秀さんもここに座ってください。
張民秀	：はい。あ、そうだ。午後、時間大丈夫ですか。
池田	：ごめんなさい。今日は授業が多いんです。
張民秀	：ひょっとして王丹さんの携帯の番号、知っていますか。
池田	：はい、ちょっと待って下さい。010-4257-3698 番です。

語彙と表現

▼単語学習セット「Quizlet」

무슨	何の、何か	미안해요〈未安-〉	ごめんなさい、すみません
-을/를	…を（☞ 7-2）	많아요	多いです < 많다
읽어요?	読んでいますか < 읽다（☞ 7-1）	혹시〈或是〉	ひょっとして、もしかして
-도	…も（☞ 7-3）	핸드폰	携帯電話〈← hand phone〉
앉아요	座ってください < 앉다	번호〈番號〉	番号
참	あ、そうだ、そういえば	알아요?	知っていますか < 알다
시간〈時間〉	時間	잠시만요〈暫時-〉	ちょっと待ってください
괜찮아요?	大丈夫ですか < 괜찮다	번〈番〉	番

7 칠

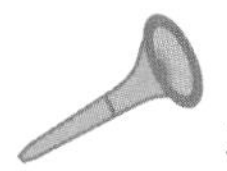

発音

책을 [채글]	읽어요 [일거요]	전공책이에요 [전공채기에요]
앉아요 [안자요]	괜찮아요 [괜차나요] *	오늘은 [오느른]
수업이 [수어비]	많아요 [마나요] *	혹시 [혹씨]
알아요 [아라요]	잠시만요 [잠시만뇨] **	3698번이에요 [삼뉵꾸팔버니에요] **

* h の弱化（p.96 ～）、** n の挿入（p.97）を参照。

〈韓国の交通〉

韓国の首都・ソウルの主な交通機関として、**バス（버스）**・**地下鉄（지하철）**・**タクシー（택시）**などがあります。バスには**市内バス（시내버스）**、**マウルバス（마을버스）**などがあり、走る区域が異なります。バス・地下鉄の料金は**T-Money（티머니）**というチャージ式のICカードで支払います。地下鉄構内の機械でカードを購入したり、料金を**チャージ（충전）**することができます。タクシーは**一般（일반）**と**模範（모범）**という種別があり、料金は模範の方がより高いです。
⇒WEBの映像で見てみよう！

7-1 해요体の作り方(1)

韓国語の用言は、日本語と同じく活用します。用言には、動詞、形容詞、存在の有無を表す存在詞、「…だ」「…ではない」といった意味の指定詞が含まれます。辞書の見出し形である基本形はいずれも語尾「-다」で終わります。

うちとけた丁寧な言い方である해요体の形を作るには、用言の基本形から「-다」をとった語幹に、語尾「-아요」または「-어요」をつけます。ここでは語幹が子音で終わる子音語幹の用言について見てみましょう：

語幹の最後の母音		해요体	基本形	語幹		해요体
ㅏ, ㅗ(陽母音)	⇒	語幹−아요	받다 (受ける)	받-	⇒	받아요 (受けます)
上記以外(陰母音)	⇒	語幹−어요	먹다 (食べる)	먹-	⇒	먹어요 (食べます)

해요体は、同じ形で疑問・平叙・勧誘・命令の意味を表せます。全てイントネーションで区別します：

뭐 먹어요?
何食べますか。[疑問]

냉면 먹어요. 冷麺食べます。[平叙]
같이 먹어요. いっしょに食べましょう。[勧誘]
빨리 먹어요. 早く食べてください。[命令]

練習 1 次の用言を해요体に活用させ、書いて発音してみよう。

(1) 높다 高い ＿＿＿＿＿＿
(2) 웃다 笑う ＿＿＿＿＿＿
(3) 알다 知る、分かる ＿＿＿＿＿＿
(4) 만들다 作る ＿＿＿＿＿＿
(5) 믿다 信じる ＿＿＿＿＿＿
(6) 읽다 読む ＿＿＿＿＿＿
(7) 맛있다 おいしい ＿＿＿＿＿＿
(8) 적다 少ない ＿＿＿＿＿＿
(9) 좋다 よい、好きだ ＿＿＿＿＿＿
(10) 많다 多い ＿＿＿＿＿＿
(11) 울다 泣く ＿＿＿＿＿＿
(12) 작다 小さい、(背が) 低い ＿＿＿＿＿＿

7-2 −를 / 을「…を」 55

日本語の「…を」にあたる韓国語の助詞。動作の及ぶ対象を表します：

母音で終わる体言　−를	…を
子音で終わる体言　−을	

① 김치를 먹어요.　キムチを食べます。

② 선물을 받아요.　プレゼントをもらいます。

③ 민수 씨 전화 번호를 알아요?　民秀さんの電話番号が分かりますか。*

＊日本語の「…を知っている」「…が分かる」に対応する韓国語の表現は「−를 / 을 알다」となります。

練習 2 例にならい、「…を…します」という文を해요体で書き、発音してみよう。

(例) 선물 / 받다 ⇒ 선물을 받아요.

(1) 비빔밥 ビビンバ / 먹다 食べる ________________

(2) 책 本 / 읽다 読む ________________

(3) 친구 友だち / 믿다 信じる ________________

(4) 스즈키 선배 鈴木先輩 / 알다 知る、分かる ________________

電話番号の言い方

電話番号（전화 번호 [저놔버노] h の弱化⇒ p.96）を言う場合、漢数詞を使います。なお、「ゼロ」には「공」、「090 の…」の「…の」には助詞「-의」（発音は[에]）を使います：

전화 번호가 몇 번이에요? 電話番号は何番ですか。

— 공일공의 일오칠팔의 육이사삼이에요. 010-1578-6243 です。

自分の電話番号をハングルで書いてみよう⇒ ________________

上の疑問文を使って、友だちの電話番号を聞いてみよう。

56

7-3 −도「…も」

日本語の「…も」にあたる韓国語の助詞。添加を表します：

体言 −도	…も

① 이것도 먹어요?　　　これも食べますか。

② 식당에도 있어요.　　食堂にもあります。

注意 閉鎖音の終声[p] [t] [k]につづく「−도」は濃音化(p.19 参照)して[또]になります。

練習 3 例にならい、「…も…です・ます」という文を해요体で書き、発音してみよう。

(例) 식당 食堂 / 있다 ある ⇒ 식당도 있어요.　食堂もあります。

(1) 비빔밥 ビビンバ / 맛있다 おいしい　＿＿＿＿＿＿＿＿

(2) 내일 明日 / 놀다 遊ぶ　＿＿＿＿＿＿＿＿

(3) 숙제〈宿題〉宿題 / 많다 多い　＿＿＿＿＿＿＿＿

(4) 후지산 富士山 / 높다 高い　＿＿＿＿＿＿＿＿

銀行の看板

7課の復習

1. 次の対話文を韓国語に直し、発音してみよう。

(1) A：ひょっとして田中先輩の電話番号を知っていますか。

B：[スマートフォンを見ながら] すみません。ここにはありません。

(2) A：韓国語の本も読むんですか。

B：ええ、新聞(신문〈新聞〉)も読みます。

本当に面白いですよ(面白い　재미있다)。

2. 次の対話を日本語に直し、韓国語部分をペアで練習してみよう。

A：내일 시간 있어요?

B：네, 오후에는 괜찮아요. 약속도 없어요.

A：그럼 점심 같이 먹어요. 학교 앞 식당이 맛있어요.
(점심〈點心〉昼ご飯、같이　一緒に)

B：네, 좋아요.

제 8 과 초등학생에게 태권도를 가르쳐요.

——小学生にテコンドーを教えています。

◆해요体の作り方(2) ◆-에서(…で) ◆-에게

～TOEICの試験問題を見ている王丹を張民秀が見かけて～

57

장민수 : 왕단 씨, 토익 시험 봐요?

왕단 : 네. 주말에 시험이 있어요.

장민수 : 그래요? 저도 영어 학원에 다녀요.
다음 주에 학원에서 모의시험을 봐요.

왕단 : 그런데 그게 뭐예요?

장민수 : 이건 태권도 도복이에요.
초등학생에게 태권도를 가르쳐요.

張民秀 ：王丹さん、TOEICの試験受けますか。
王丹 ：はい。週末に試験があります。
張民秀 ：そうですか。私も英語のスクールに通っています。
来週、スクールで模擬試験を受けます。
王丹 ：ところで、それは何ですか。
張民秀 ：これはテコンドーの胴着です。
小学生にテコンドーを教えています。

▼単語学習セット「Quizlet」

語彙と表現

토익	TOEIC
시험〈試驗〉	試験
봐요?	受けますか < 보다 (☞ 8-1)
주말〈週末〉	週末
그래요?	そうですか。
학원〈學院〉	塾、…教室、予備校
다녀요	通っています < 다니다
다음 주	来週
-에서	…で (☞ 8-2)
모의시험〈模擬試驗〉	模擬試験
그런데	ところで、ところが
그게 (<그것이)	それが、それは
이건 (<이것은)	これは
태권도〈跆拳道〉	テコンドー
도복〈道服〉	胴着
초등학생〈初等學生〉	小学生
-에게	…に (☞ 8-3)
가르쳐요	教えています < 가르치다

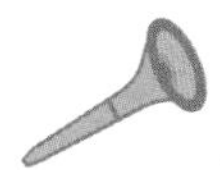

発音

토익 시험 [토익씨험]　주말에 [주마레]　시험이 [시허미]

영어 학원에 [영어하궈네]　다음 주 [다음 쭈]　학원에서 [하궈네서]

모의시험을 [모이시허믈]　태권도 [태꿘도]　도복이에요 [도보기에요]

초등학생에게 [초등학쌩에게]

参考 ：指示詞

人やものを指し示す時に使います。日本語の「こそあど」にあたり、ほぼ同じように使うことができます：

こ	そ	あ	ど
이 この	그 その	저 あの	어느 どの
이것 これ	그것 それ	저것 あれ	어느 것 どれ
여기 ここ	거기 そこ	저기 あそこ	어디 どこ

注意 「이것」「그것」「저것」「어느 것」の後ろに助詞「-은」や「-이」がつくと、話しことばでは「이것은」→「이건」、「그것이」→「그게」のように使われる場合が多いです。(指示詞⇒ p.56 参照)

(例) 이건 스마트폰이에요. これはスマートフォンです。
그게 뭐예요? —전자사전이에요. それは何ですか。—電子辞書です。

8
팔

8-1 해요体の作り方(2)

語幹が母音で終わる用言を母音語幹の用言と言います。母音語幹用言のうち、語幹の最後が母音「ㅗ, ㅜ, ㅣ, ㅚ」で終わる場合、해요体は縮約がおこり、次のようになります：

最後の母音		해요体	基本形	語幹	해요体
陽母音	ㅗ	ㅗ + 아요 縮約⇒ ㅘ요	오다（来る）	오-	⇒ 와요
陰母音	ㅜ	ㅜ + 어요 縮約⇒ ㅝ요	배우다（習う）	배우-	⇒ 배워요
	ㅣ	ㅣ + 어요 縮約⇒ ㅕ요	다니다（通う）	다니-	⇒ 다녀요
	ㅚ	ㅚ + 어요 縮約⇒ ㅙ요	되다（なる）	되-	⇒ 돼요

練習 1 次の用言を해요体に活用させ、書いて発音してみよう。

(1) 보다 見る·(試験を)受ける　(2) 주다 あげる　(3) 기다리다 待つ

____________　____________　____________

(4) 되다 (…に) なる　(5) 마시다 飲む　(6) 떨어지다 落ちる

____________　____________　____________

(7) 가르치다 教える　(8) 돌아오다 帰る　(9) 가지다 持つ

____________　____________　____________

(10) 걸리다 かかる　(11) 잘되다 うまくいく　(12) 보이다 見える・見せる

____________　____________　____________

8-2 −에서「…で」 58

日本語の「…で」にあたる韓国語の助詞。動作の行なわれる場所を表します：

体言 −에서	…で

① 학교에서 시험을 봐요.　　学校で試験を受けます。

② 은행에서 돈을 찾아요.　　銀行でお金をおろします。

 **参考**

話しことばでは、「어디」「여기」など場所を指し示す指示詞に「−에서」がつく時、「에」が省略されることがあります：

（例）어디서 중국어를 배워요?　　どこで中国語を学んでいますか。

　　　여기서 기다려요?　　ここで待ちますか。

練習 2 次の文を日本語にしてみよう。そして、ペアの相手に質問してみよう。
また、(6)は質問文を作ってみよう。

(1) 어디에서 점심을 먹어요?

____

(2) 오후에 어디서 놀아요?

____

(3) 학교 서점에서 한국어 사전을 팔아요? (서점〈書店〉書店、팔다売る)

____

(4) 도서관 앞에서 친구를 기다려요?

____

(5) 교실 밖에서 전화를 걸어요? (걸다かける)

____

(6) ______________________________

59 8-3 ―에게「…に(人・動物など)」

日本語の「…に」にあたる韓国語の助詞。人・動物などを表す体言について、動作の及ぶ相手を表します。話しことばでは「-한테」が多く用いられます：

人・動物を表す体言 ―에게	…に

① 형은 학생에게 피아노를 가르쳐요.　　兄は学生にピアノを教えます。

② 개한테 밥을 줘요.　　犬にご飯をあげます。

参考

人を表す体言に「-에게, -한테」がついて、「(人)のところに」の意味も表します：

그 책은 우리 언니에게 있어요. その本はうちのお姉さんのところにあります。

練習 3 例にならい、「…に…を…します」という文を해요体で書き、発音してみよう。

(例) 언니 / 한국어 / 가르치다 ⇒ 언니에게 한국어를 가르쳐요.

(1) 친구 友達 / 가족 사진〈家族 寫眞〉家族写真 / 보이다 見せる

____

(2) 선배〈先輩〉先輩 / 선물〈膳物〉プレゼント / 주다 あげる

____

(3) 여자 친구 彼女 / 전화〈電話〉電話 / 걸다 かける

____

8課の復習

1. 次の文を韓国語に訳し、発音してみよう。

(1) 今日、試験を受けますか。

＿＿＿＿＿＿＿＿＿＿＿＿＿＿＿＿＿＿＿＿

(2) 毎日(매일〈毎日〉)、塾に通っています。

＿＿＿＿＿＿＿＿＿＿＿＿＿＿＿＿＿＿＿＿

(3) 朝、図書館で新聞を読みます。

＿＿＿＿＿＿＿＿＿＿＿＿＿＿＿＿＿＿＿＿

(4) それはテコンドーの胴着です。

＿＿＿＿＿＿＿＿＿＿＿＿＿＿＿＿＿＿＿＿

(5) 弟に英語を教えます。

＿＿＿＿＿＿＿＿＿＿＿＿＿＿＿＿＿＿＿＿

2. (　　)の用言を해요体になおし、下線部分には下の □ から適当なものを選んで答えの文を作り、ペアで練習してみよう。

(1) A：내일 시험을 (보다)?

B：아뇨. ＿＿＿＿＿＿＿＿＿＿＿＿＿＿＿＿.

(2) A：무슨 학원에 (다니다)?

B：＿＿＿＿＿＿＿＿＿＿＿＿＿＿＿＿＿＿.

(3) A：누구에게 피아노를 (가르치다)?

B：＿＿＿＿＿＿＿＿＿＿＿＿＿＿＿＿＿＿.

(4) A：어디서 커피를 (마시다)? (커피 コーヒー)

B：＿＿＿＿＿＿＿＿＿＿＿＿＿＿＿＿＿＿.

초등학생	영어	카페 カフェ、喫茶店	다음 주

8 팔

まとめ7、8

☆読みあげられる韓国語の文を聞き取り、その意味を日本語で書いてみよう。また、その答えを韓国語で書いて発音してみよう。

60

1. ________________

意味：________________

答え：________________

2. ________________

意味：________________

答え：________________

3. ________________

意味：________________

答え：________________

☆上の文を使って、周りの人にたずねてみよう。

〈プラスアルファ：韓国語と日本語の指示詞〉

이	この	空間的・心理的に話し手に近い人や事柄をさす。
그	その	空間的・心理的に聞き手に近い人や事柄をさす。
	あの	※対象物を目で捉えられないが、話し手も聞き手も既知の人や事柄をさす。 例：きのう会ったあの人（그 사람）誰ですか。
저	あの	空間的・心理的に話し手・聞き手の双方から離れた人や事柄をさす。
어느	どの	はっきりと限定できない人や事柄、明らかでない人や事柄をさす。

これが	이것이 → 이게	これは	이것은 → 이건	これを	이것을 → 이걸
それが	그것이 → 그게	それは	그것은 → 그건	それを	그것을 → 그걸
あれが	저것이 → 저게	あれは	저것은 → 저건	あれを	저것을 → 저걸
どれが	어느 것이 →어느 게			どれを	어느 것을→어느 걸

注：話しことばでは主に矢印の右側の縮約形が用いられる。

コラム　韓国のモバイル通信事情

韓国でも、日本と同じくスマートフォン（스마트폰）が多く利用されており、かつて主役だった携帯電話(핸드폰 / 휴대폰) を圧倒しています。日本と同じく、電話番号だけでやり取りできる SMS（ショートメッセージサービス、문자［문짜］메시지）や、多様なアプリの利用も盛んです。しかし、それ以上に電話でのやり取りが多く、電車の中でも電話で話す人が多くいます。マナーの面や他人に自分の話を聞かれたくないと考える日本人とは少し異なりますが、離れて暮らす家族や恋人と毎日電話することは韓国人にとって当たり前で、まさに場所を問わず、なのでしょう。日本人には想像できないほどの、密で直接的な連絡を取り合うのが韓国人の一般の姿です。また、ネットバンキング（폰뱅킹）を始めとする多様なサービスが提供されていますが、特定のアプリや企業に集中している部分があり、ネットワークやサーバーの障害が日常生活に大きく影響を及ぼすという弊害もあります。

スマホでのハングル入力には、パソコンのキーボードと同じ文字配列もありますが、いわゆる天地人式や画数追加式という配列もあります。母音字を打つ時、天地人式では「· ー ㅣ(天地人)」を組み合わせ、画数追加式では画数を追加していきます。子音字に関しては、すべて画数追加式で、配列は機種や OS によって多少異なります。いずれにせよ、基本となる字母数が少ないハングルは、モバイルでの使用に適した文字だといえるでしょう。

韓国メーカーからは多様なスマホやタブレット端末が開発、発売されており、韓国国内でもこれらの端末が高いシェアを占めています。韓国メーカーの製品は日本でも流通していますが、今後どのような機種が出てくるか、どのような進化を見せるか、期待されるところです。

天地人式の文字盤

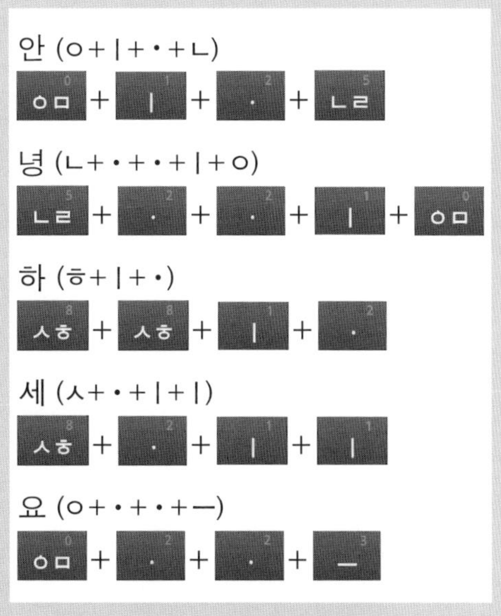

入力の例

제 9 과 보통 여섯 시에 일어나요.

——ふつう、6時に起きます。

◆해요体の作り方(3) ◆-로 / 으로 ◆-에서(…から)・-까지 ◆固有数詞

〜雨上がり、公園で〜

61

왕단 : 전철로 학교에 다녀요?

장민수 : 아뇨, 대개는 자전거로 가요.
왕단 씨는 집이 멀어요?

왕단 : 네, 좀 멀어요.
집에서 학교까지 한 시간 반 정도 걸려요.

장민수 : 그럼 몇 시에 일어나요?

왕단 : 보통 여섯 시에 일어나요.

王丹 : 電車で学校に通っていますか。
張民秀 : いいえ、たいていは自転車で行きます。
王丹さんは、家は遠いですか。
王丹 : はい、ちょっと遠いです。
家から学校まで1時間半くらいかかります。
張民秀 : じゃあ、何時に起きますか。
王丹 : ふつう、6時に起きます。

語彙と表現

▼単語学習セット「Quizlet」

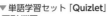

전철〈電鐵〉	電車	-까지	…まで (☞ 9-3)
-로/으로	…で (☞ 9-2)	한	ひとつの… (☞ 9-4)
대개〈大概〉	たいてい、たいがい	반〈半〉	半
자전거〈自轉車〉	自転車	정도〈程度〉	くらい、ほど
가요	行きます < 가다 (☞ 9-1)	걸려요	かかります < 걸리다
집	家	시〈時〉	時
멀어요?	遠いですか < 멀다	일어나요?	起きますか < 일어나나
좀	ちょっと、少し	보통〈普通〉	ふつう、たいてい
멀어요	遠いです < 멀다	여섯	むっつ
-에서	…から (☞ 9-3)	일어나요	起きます < 일어나다

発音

학교에 [학꾜에]　　집이 [지비]　　멀어요 [머러요]

집에서 [지베서]　　학교까지 [학꾜까지]　　몇 시에 [멷 씨에]

일어나요 [이러나요]　　여섯 시에 [여섣 씨에]

〈韓国の学生生活〉

韓国の大学には**学生食堂（학생식당）**や**コンビニ（편의점）**・**売店（매점）**だけでなく、**カフェ（카페）**や**ラウンジ＝休憩室（휴게실）**などの施設がそろっています。**図書館（도서관）**は広々と作られており、**閲覧室（열람실）**は24時間利用可能です。また、大学近辺の**中華料理屋（중국집）**などに注文すれば、大学内まで配達してくれます。大学内を走る配達のバイクも、韓国では見慣れた風景です。⇒WEBの映像で見てみよう！

9-1 해요体の作り方(3)

母音語幹の用言のうち、語幹が母音「ㅏ, ㅓ, ㅕ, ㅔ, ㅐ」で終わる用言の해요体は、8-1 で学んだ縮約とは異なり、次のようになります：

最後の母音		해요体
陽母音	ㅏ	ㅏ + ~~아~~요 = ㅏ요
陰母音	ㅓ	ㅓ + ~~어~~요 = ㅓ요
	ㅕ	ㅕ + ~~어~~요 = ㅕ요
	ㅐ	ㅐ + ~~어~~요 = ㅐ요
	ㅔ	ㅔ + ~~어~~요 = ㅔ요

基本形	語幹	해요体
가다（行く）	가-	가요（行きます）
서다（立つ）	서-	서요（立ちます）
켜다（つける）	켜-	켜요（つけます）
보내다（送る）	보내-	보내요（送ります）
세다（数える）	세-	세요（数えます）

参考

語幹が母音「ㅟ, ㅢ」で終わる用言では、縮約などが起こりません：

（例）쉬다「休む」⇒쉬어요　　띄다「（目に）つく」⇒띄어요

練習 1 次の用言を해요体に活用させ、書いて発音してみよう。

(1) 자다 寝る　　(2) 만나다 会う　　(3) 일어서다 立ち上がる

(4) 펴다 広げる　　(5) 내다 出す　　(6) 세다 強い

(7) 타다 乗る　　(8) 사다 買う　　(9) 일어나다 起きる

9-2 −로 / 으로「…で」 62

日本語の「…で」にあたる韓国語の助詞。手段・方法などを表します：

母音またはㄹで終わる体言	−로	…で
ㄹ以外の子音で終わる体言	−으로	

① 버스로 가요.　　バスで行きます。
② 친구는 전철로 와요.　　友達は電車で来ます。
③ 선물을 우편으로 보내요.　　プレゼントを郵便で送ります。

練習 2 例にならい、「…で…します」という文を해요体で書き、発音してみよう。

(例) 자전거 / 오다 ⇒ 자전거로 와요. 自転車で来ます。

(1) 자동차 自動車 / 가다 ________________

(2) 스마트폰 スマートフォン / 걸다 かける ________________

(3) 메일 メール / 보내다 ________________

(4) 지하철〈地下鐵〉地下鉄 / 다니다 ________________

(5) 젓가락 箸 / 먹다 ________________

参考

「만나다」(会う)、「타다」(乗る)は日本語の「…に」に当たる助詞として「-를 / 을」を用います：

(例) 카페에서 친구를 만나요. カフェで友だちに会います。
　　 전철을 타요. 電車に乗ります。

9-3 −에서「…から」・−까지「…まで」

日本語の「…から」、「…まで」にあたる韓国語の助詞。移動の起点と着点を表します：

体言 −에서	…から		体言 −까지	…まで

① 역에서 회사까지 택시로 가요.

駅から会社までタクシーで行きます。

② 오사카에서 서울까지 비행기로 두 시간 정도 걸려요.

大阪からソウルまで飛行機で2時間くらいかかります。

練習3 例にならい、(　　)内の単語を参考にして、「どこから、どこまで、何で行く(来る・通う)」という文を作ってみよう。また、できた文を日本語に訳してみよう。

(例) (오사카, 부산, 비행기, 가다)

오사카에서 부산까지 비행기로 가요. 大阪からプサン(釜山)まで飛行機で行きます。

(1) (집, 학교, 지하철, 가다)

____

日本語訳：____________________

(2) (도서관, 집, 자전거, 가다)

____

日本語訳：____________________

(3) (역, 학교, 택시, 오다)

____

日本語訳：____________________

(4) (1층, 5층, 계단, 올라가다 上がる)

____

日本語訳：____________________

(5) (회사, 영어 학원, 버스, 다니다)

____

日本語訳：____________________

9-4 固有数詞

日本語の「ひとつ、ふたつ、…」にあたる固有数詞は、以下の通りです：

1	2	3	4	5	6	7	8*	9	10	20
하나	둘	셋	넷	다섯	여섯	일곱	여덟	아홉	열	스물
한	두	세	네	←直後に助数詞が続く場合はこちらを使う→						스무

＊여덟[여덜]「やっつ」の発音に注意。

練習 4 次の数字を固有数詞を用いて書き、発音してみよう。

(1) 12　　(2) 18　　(3) 19

(4) 27　　(5) 26　　(6) 21

参考：固有数詞とともに使われる助数詞

①…時(시)、…時間(시간)：다섯 시(5時)、세 시간(3時間)

注意 …分(분)は漢数詞を使います：

지금 몇 시예요? ―네 시 이십오 분이에요.

(今何時ですか？―4時25分です)

②…個(개)、…人・名(명)、…歳(살)、…冊(권)、…枚(장)、…匹(마리)など

교실에 의자가 몇 개 있어요? ―스물세 개 있어요.

(教室に椅子がいくつありますか？―23個あります)

몇 살이에요? ―열아홉 살이에요.

(何歳ですか？―19歳です)

練習 5 次の表現を固有数詞を用いて書き、発音してみよう。

(1) 20歳　　(2) 5枚　　(3) 13人

(4) 7時58分　　(5) 10時10分　　(6) 11時30分

時を表すことば

65

어제	きのう	오늘	今日	내일	明日
지난주	先週	이번 주	今週	다음 주	来週
지난달	先月	이번 달	今月	다음 달	来月
작년	去年	올해	今年	내년	来年

曜日

66

일요일	월요일	화요일	수요일	목요일	금요일	토요일
日曜日	月曜日	火曜日	水曜日	木曜日	金曜日	土曜日

年月日・時間

67

일 년	이 년	삼 년	사 년	오 년	육 년	칠 년	팔 년	구 년	십 년	백 년	천 년
1年	2年	3年	4年	5年	6年	7年	8年	9年	10年	100年	1000年

68

일월	이월	삼월	사월	오월	유월	칠월	팔월	구월	시월	십일월	십이월
1月	2月	3月	4月	5月	6月	7月	8月	9月	10月	11月	12月

69

일 일	이 일	삼 일	사 일	오 일	육 일	칠 일	팔 일	구 일	십 일	이십 일	삼십 일
1日	2日	3日	4日	5日	6日	7日	8日	9日	10日	20日	30日

70

한 시	두 시	세 시	네 시	다섯 시	여섯 시	일곱 시	여덟 시	아홉 시	열 시	열한 시	열두 시
1時	2時	3時	4時	5時	6時	7時	8時	9時	10時	11時	12時

71

일 분	이 분	삼 분	사 분	오 분	육 분	칠 분	팔 분	구 분	십 분	이십 분	삼십 분
1分	2分	3分	4分	5分	6分	7分	8分	9分	10分	20分	30分

季節

72

봄	여름	가을	겨울
春	夏	秋	冬

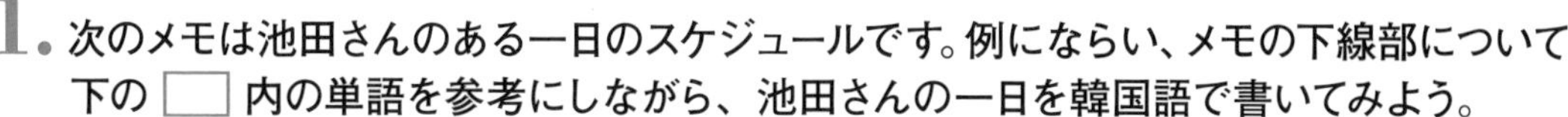

9課の復習

9
구

1. 次のメモは池田さんのある一日のスケジュールです。例にならい、メモの下線部について下の □ 内の単語を参考にしながら、池田さんの一日を韓国語で書いてみよう。

	時刻	予定
午前	6:00	起床・運動
	7:00	朝ご飯
	8:00	家を出発
	8:10	電車に乗る
		学校まで電車で行く
	10:00 ～12:00	授業
午後	12:30	王丹さんとお昼
	2:00	図書館で宿題
	6:00	塾で試験を受ける
	9:00	帰宅
	11:00	就寝

(例) 여섯 시에 일어나요.

(1) ______

(2) ______

(3) ______

(4) ______

(5) ______

시　반　아침　학원　밥　시험　전철　수업　점심　저녁　학교

-에　-를/을　-에서　-로/으로　-까지

일어나다　보다　먹다　타다　가다　받다　자다

2. 上の単語を参考にして、自分の一日について紹介してみよう。

(1) ______

(2) ______

(3) ______

(4) ______

(5) ______

제 10 과 야구를 아주 좋아해요.

——野球がとても好きです。

◆해요体の作り方(4) ◆-(으)러 ◆-부터・-까지

～キャンパスで、池田が張民秀を呼びとめる～

73

이케다　：민수 씨, 어디 가요?

장민수　：밥 먹으러 가요.

참! 이케다 씨, 야구 좋아해요?

이케다　：아주 좋아해요. 야구광이에요.

장민수　：그럼, 토요일에 같이 야구 보러 가요.

이케다　：미안해요.

토요일에는 4(네)시까지 아르바이트가 있어요.

장민수　：괜찮아요. 야구는 6(여섯)시부터 시작해요.

池田　：民秀さん、どこ行きますか。
張民秀　：ご飯食べに行きます。
あ、そうだ。池田さん、野球、好きですか。
池田　：とても好きです。熱烈な野球ファンです。
張民秀　：じゃあ、土曜日に一緒に野球、見に行きましょう。
池田　：ごめんなさい。土曜日は4時までバイトがあります。
張民秀　：大丈夫です。野球は6時から始まります。

▼単語学習セット「Quizlet」

語彙と表現

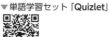

먹으러	食べに < 먹다 (☞ 10-2)
야구〈野球〉	野球
좋아해요?	好きですか < 좋아하다 (☞ 10-1)
아주	とても、非常に
좋아해요	好きです < 좋아하다
야구광〈野球狂〉	熱烈な野球ファン
토요일〈土曜日〉	土曜日 (☞参考)

보러	見に < 보다 (☞ 10-2)
4(네)시〈4時〉	4 時
–까지	…まで (☞ 10-3)
아르바이트	バイト〈← Arbeit〉
–부터	…から (☞ 10-3)
시작해요〈始作–〉	始まります < 시작하다

10 십

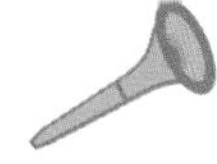

発音

밥 먹으러 [밤 머그러]	좋아해요 [조아해요] *	토요일에 [토요이레]
같이 [가치]	괜찮아요 [괜차나요] *	시작해요 [시자캐요]

＊ h の弱化 (p.96 ～) を参照。

参考：曜日

일요일 日曜日	월요일 月曜日	화요일 火曜日
수요일 水曜日	목요일 木曜日	금요일 金曜日
토요일 土曜日		

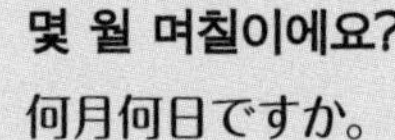

오늘이 무슨 요일이에요?
今日は何曜日ですか。
몇 월 며칠이에요?
何月何日ですか。

10-1 해요体の作り方(4)

74

用言「하다」の해요体は「해요」となります。「공부하다」「좋아하다」のように「하다」で終わる用言も同様に「공부해요」「좋아해요」となります:

하다用言		해요体
하다(する)	⇒	해요(します)
공부하다(勉強する)	⇒	공부해요(勉強します)
좋아하다(好む)	⇒	좋아해요(好みます)

① 토요일에 뭐 해요?　　土曜日に何しますか。

② 같이 숙제해요.　　一緒に宿題しましょう。

③ 야구를 좋아해요.　　野球が好きです。*

＊「…が好きだ」の「が」には「-를 / 을」を使います。

練習 1 次の用言を해요体に活用させ、書いて発音してみよう。

(1) 미안하다〈未安-〉すまない　　＿＿＿＿＿＿

(2) 사랑하다 愛する　　＿＿＿＿＿＿

(3) 쇼핑하다 ショッピングする　　＿＿＿＿＿＿

(4) 생각하다 考える、思う　　＿＿＿＿＿＿

(5) 시작하다 始める　　＿＿＿＿＿＿

(6) 말하다 言う、話す　　＿＿＿＿＿＿

(7) 공부하다〈工夫-〉勉強する　　＿＿＿＿＿＿

(8) 싫어하다 嫌う、いやだ　　＿＿＿＿＿＿

10-2 －(으)러「…しに」

動詞の語幹について「…しに」など移動の目的を表します：

語幹が母音またはㄹで終わる用言	－러	…しに［目的］
語幹がㄹ以外の子音で終わる用言	－으러	

① 도서관에 공부하러 가요.　　図書館に勉強しに行きます。

② 다음에 한국에 놀러 와요.　　今度韓国に遊びに来てください。

③ 식당에 밥 먹으러 가요.　　食堂にご飯食べに行きます。

練習2 例にならい、用言に「-(으)러」をつけて「…しに」という表現を作ってみよう。

(例) 공부하다 ⇒ 공부하러

(1) 식사하다〈食事-〉食事する ＿＿＿＿

(2) 받다 受け取る ＿＿＿＿

(3) 만들다 作る ＿＿＿＿

(4) 부치다 （手紙など）出す ＿＿＿＿

(5) 찾다 探す ＿＿＿＿

(6) 팔다 売る ＿＿＿＿

練習3 例にならい、「…に…しに行きます」という文を作ってみよう。

(例) 식당 / 점심 / 먹다 ⇒ 식당에 점심을 먹으러 가요.

(1) 극장〈劇場〉映画館 / 영화〈映畵〉映画 / 보다 ＿＿＿＿

(2) 우체국〈郵遞局〉郵便局 / 편지〈便紙〉手紙 / 부치다 ＿＿＿＿

(3) 은행 / 돈 / 찾다 ＿＿＿＿

(4) 도서관 / 한국어 / 공부하다 ＿＿＿＿

76 10-3 −부터「…から」・−까지「…まで」

日本語の「…から」、「…まで」にあたる韓国語の助詞。時の起点と終点を表します。9-3 で学んだ、場所の起点である「−에서」も日本語では「…から」になるので、文をよく見て場所の起点か、時の起点かによって使い分けなければなりません：

体言 −부터	…から	体言 −까지	…まで

① 매일 9(아홉) 시부터 4(네)시까지 수업이 있어요.

毎日 9 時から 4 時まで授業があります。

② 내년 8(팔)월부터 9(구)월까지 한국에 여행을 가요.

来年 8 月から 9 月まで韓国に旅行に行きます。

③ 다음 달 5(오)일부터 10(십)일까지 쉬어요.

来月 5 日から 10 日まで休みます。

練習 4 例にならい、(　) 内の単語を参考にして、「いつから、いつまで、何をする（何がある／いる)」という文を作ってみよう。また、できた文を日本語に訳してみよう。

(例) (1 일, 5 일, 시험 공부를 하다)
⇒ 1 일부터 5 일까지 시험 공부를 해요.

(1) (월요일, 금요일, 한국어 학원에 다니다)

____

日本語訳：______________________________

(2) (2시, 5시, 아르바이트를 하다)

____

日本語訳：______________________________

(3) (수요일, 토요일, 여행을 가다)

____

日本語訳：______________________________

(4) (이번 주, 다음 달, 중국에 있다)

____

日本語訳：______________________________

10課の復習

1. 次の表を参考にして、好きなスポーツについて韓国語で書いて表現してみよう。そのあと、下記の質問文を参考にして2人以上に質問し、その答えを書いてみよう。

스포츠 スポーツ	축구〈蹴球〉サッカー、야구〈野球〉野球、 농구〈籠球〉バスケットボール、배구〈排球〉バレーボール、 스키 スキー、수영〈水泳〉水泳、테니스 テニス

(例) 저는 축구를 좋아해요.

自分 저는 ________________

質問 ________ 씨, 무슨 스포츠를 좋아해요?

答え① ________ 씨는 ________________

答え② ________ 씨는 ________________

2. 例にならい、「…に…をしに行きます」という文を作ってみよう。(4) は自分の日課を書いてみよう。

(例) 수요일 / 축구 ⇒ 수요일에 축구를 하러 가요.

(1) 월요일 / 야구 ________________

(2) 11시 / 수영 ________________

(3) 토요일 오전 / 농구 ________________

(4) 自分の日課 ________________

10 십

まとめ 9、10

☆音声を聞き、(　　) 内に聞き取れたことばをハングルで書き入れてみよう。

77

1. A: 자전거로 (　　　　　　　　　　　　)?

   B: 아뇨, 대개는 (　　　　　　　　　　　　).

2. A: (　　　　　　　　　　　　) 두 시간 정도 걸려요.

   B: 보통 (　　　　　　　　　　　　)?

3. A: 토요일에 같이 (　　　　　　　　　　　　).

   B: 미안해요. 토요일에는 축구 (　　　　　　　　　　　　).

4. A: 야구는 몇 시에 (　　　　　　　　　　　　)?

   B: (　　　　　　　　　　　　) 예요.

〈プラスアルファ：「해요体」と「합니다体」について〉

7 課～10 課にわたって用言（動詞や形容詞）の「해요体」について学びましたが、もう一つ丁寧な表現である「합니다体」も存在します。これら二つの文体については、すでに 5 課（p.33「参考」）で述べたように、話し手が聞き手との心理的な距離からどちらかを選択し使います。例えば、公的な場面・初対面などではかしこまった言い方である「합니다体」が用いられますが、日常生活やプライベートな場面では打ち解けた言い方である「해요体」が使われます。このような「합니다体」と「해요体」の相違を、動詞「가다」を例にまとめると次のようになります。

区　分		합니다体	해요体
平叙	学校へ行きます。	학교에 갑니다.	학교에 가요.
疑問	学校へ行きますか。	학교에 갑니까?	학교에 가요?
勧誘	一緒に行きましょう。	같이 갑시다.	같이 가요.
命令	早く行きなさい。	빨리 가십시오.	빨리 가요.

コ ラ ム

韓国の軍隊

（入隊したばかりの若者たちが訓練の間に与えられた休憩中のワンカット）

韓国の大学のキャンパス内で、高校を卒業したての新入生ではないけれども、社会人学生にも見えない若い男子学生を「아저씨（おじさん）!」と呼ぶ光景を見かけることがあります。大学２～４年生の若い学生が何故「おじさん」と呼ばれるのか不思議に思いますよね。

実は、この呼び名には「韓国の軍隊制度」が密接な関わりを持っているのです。韓国籍の健康な肉体と健全な精神を持つ男性であれば、満 18 歳（大体は大学生になる頃）になると「兵役義務」を果たさなければなりません。一般的に、大学に入学して一年くらい大学生活を送った後、２年生に上がらず、一旦大学を休学して軍隊に入ることが多いのです。もちろん学業を続けたい場合は卒業するまで軍隊に入る時期を延期することも可能です。兵役の期間は陸軍、海軍、空軍等でそれぞれ異なりますが、だいたい２年程度です。

先ほどの話に戻りましょう。このように大学１年生を終えて、軍隊に入って約２年間の兵役義務を果たした後、休学中の大学に復学して元の学年に戻ると、まわりの学生より２～３歳年上になっています。しかし、２～３歳年上だからといって「おじさん!」と呼ぶ訳ではありません。韓国社会で軍人は一般的に「군인 아저씨（軍人おじさん）」と呼ばれるので、兵役を終えて大学に復学した男子学生を年下の学生や教授が冗談まじりで「아저씨（おじさん）」と呼ぶわけです。ただし、キャンパス内での呼称は親交の度合いによって「선배（先輩）」、「오빠 / 형（お兄さん）」など呼び名は異なります。

제 11 과　점심 안 먹었어요?

――昼ごはん、食べなかったんですか。

◆過去形の作り方 ◆으語幹の用言 ◆안 用言

～レポートの提出で疲れ果てている王丹を見かけて～

78

장민수　: 왕단 씨, 안색이 안 좋아요. 어디 아파요?

왕단　: 아뇨. …사실은 배가 너무 고파요.

장민수　: 점심 안 먹었어요?

왕단　: 네, 시간이 없었어요.

장민수　: 왜 그렇게 바빠요?

왕단　: 리포트가 많았어요. 너무 힘들었어요.

張民秀　: 王丹さん、顔色が良くないですよ。どこか具合が悪いんですか。
王丹　: いいえ。…実は、とてもお腹がすいてます。
張民秀　: 昼ごはん、食べなかったんですか。
王丹　: ええ、時間がありませんでした。
張民秀　: 何でそんなに忙しいんですか。
王丹　: レポートが多かったんです。とても疲れました。

語彙と表現

▼単語学習セット「Quizlet」

안색〈顔色〉	顔色
안	…しない、…くない (☞ 11-3)
좋아요	良いです < 좋다
어디	どこか
아파요?	(体の) 具合が悪いんですか < 아프다 (☞ 11-2)
사실은〈事實-〉	実際に、実は
배	お腹、腹
너무	とても、すごく
고파요	(お腹が) すいています、へっています < 고프다
먹었어요?	食べましたか < 먹다 (☞ 11-1)
없었어요	なかったです < 없다
왜	なぜ、どうして
그렇게	そんなに、それほど、そこまで
바빠요?	忙しいですか < 바쁘다
리포트	レポート〈← report〉
많았어요	多かったです < 많다
힘들었어요	疲れました、大変でした < 힘들다

発音

안색이 [안새기]	좋아요 [조아요]	사실은 [사시른]
먹었어요 [머거써요]	시간이 [시가니]	없었어요 [업써써요]
그렇게 [그러케]	많았어요 [마나써요]	힘들었어요 [힘드러써요]

〈韓国の街〉

ソウルの**ミョンドン（明洞・명동）**や**カンナム（江南・강남）**などの繁華街は、いつも人で混み合っています。ノスタルジックな雰囲気を残す**インサドン（仁寺洞・인사동）**や伝統家屋の建ち並ぶ**サムチョンドン（三清洞・삼청동）**は、外国人だけでなく、韓国人にも人気のスポットです。また、韓国では日常の買い物に**市場（시장）**が大きな役割を果たしています。生活用品だけでなく、慶事の際に供えられる**餅（떡）**を売る市場や、漢方の薬材を取りそろえた市場もあります。⇒WEBの映像で見てみよう！

11-1 過去形の作り方

これまで学んできた해요体を過去形にするには、語幹の最後が陽母音であれば「-았어요」をつけ、陰母音であれば「-었어요」をつけます。また、하다用言の場合は「하다」が「했어요」になります：

語幹末の母音	過去形	例
陽母音	語幹ー았어요	받다(受ける) ⇒받았어요(受けました)
陰母音	語幹ー었어요	먹다(食べる) ⇒먹었어요(食べました)

하다	했어요	공부하다(勉強する) ⇒공부했어요(勉強しました)

参考

8-1と9-1では、母音語幹の用言を해요体にする際に、縮約などが起こることを学びました。これは用言の過去形についても同じように変化します。

(例) 오다 ⇒ 오＋았어요 ⇒ 왔어요
다니다 ⇒ 다니＋었어요 ⇒ 다녔어요
가다 ⇒ 가＋았어요 ⇒ 갔어요
켜다 ⇒ 켜＋었어요 ⇒ 켰어요
세다 ⇒ 세＋었어요 ⇒ 셌어요
배우다 ⇒ 배우＋었어요 ⇒ 배웠어요
되다 ⇒ 되＋었어요 ⇒ 됐어요
서다 ⇒ 서＋었어요 ⇒ 섰어요
보내다 ⇒ 보내＋었어요 ⇒ 보냈어요
▶ 쉬다 ⇒ 쉬었어요(9-1参照)

練習1 次の用言を過去形に活用させ、書いて発音してみよう。

(1) 만들다 作る ＿＿＿＿＿＿
(2) 높다 高い ＿＿＿＿＿＿
(3) 웃다 笑う ＿＿＿＿＿＿
(4) 없다 ない・いない ＿＿＿＿＿＿
(5) 보다 見る ＿＿＿＿＿＿
(6) 쉬다 休む ＿＿＿＿＿＿
(7) 주다 あげる ＿＿＿＿＿＿
(8) 기다리다 待つ ＿＿＿＿＿＿
(9) 말하다 言う、話す ＿＿＿＿＿＿
(10) 자다 寝る ＿＿＿＿＿＿
(11) 펴다 広げる ＿＿＿＿＿＿
(12) 내다 出す ＿＿＿＿＿＿

11-2 으語幹の用言

語幹が母音「ー」で終わる用言は、해요体の形を作る際、語幹の最後の「ー」が脱落し、その直前の母音が「ㅏ, ㅗ」なら「ㅏ요」を、それ以外なら「ㅓ요」をつけます：

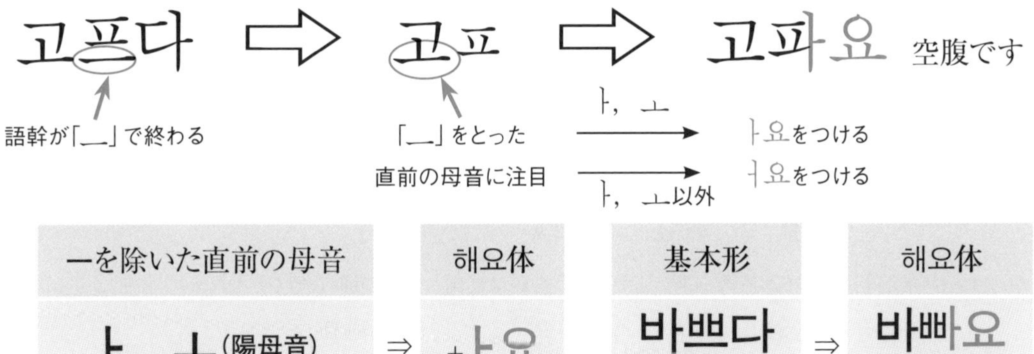

ーを除いた直前の母音		해요体	基本形		해요体
ㅏ, ㅗ (陽母音)	⇒	+ㅏ요	바쁘다 (忙しい)	⇒	바빠요 (忙しいです)
上記以外 (陰母音)	⇒	+ㅓ요	예쁘다 (きれいだ)	⇒	예뻐요 (きれいです)

参考

「크다」(大きい) など語幹が1音節の用言の場合は、語幹から一をとった形に「ㅓ요」がつきます。

크다 ⇒ 커요 大きいです

練習 2 次の用言を해요体に活用させ、書いて発音してみよう。

(1) 쓰다 書く、使う　(2) 나쁘다 悪い　(3) 아프다 痛い、具合が悪い

(4) 슬프다 悲しい　(5) 끄다 (電気など) 消す　(6) 모으다 集める

参考

으語幹の用言の過去形は次のようになります：

바쁘다 ⇒ 바빴어요 忙しかったです　예쁘다 ⇒ 예뻤어요 きれいでした

79

11-3 안 用言「…しない、…くない」

韓国語の否定表現の一つで、用言の前に「안」をおきます：

안 用言	…しない、…くない

① 점심 안 먹어요?　昼ご飯を食べないのですか。

② 날씨가 안 좋아요.　天気がよくありません。

③ 방에서는 공부 안 해요.*　部屋では勉強しません。

＊「공부하다」のように「名詞＋하다」からなる動詞は名詞と하다の間に「안」を入れます。

(例) 공부해요. ⇔ 공부 안 해요.* (×안 공부해요.)

＊「안 해요」の発音は[아내요]となります。(h の弱化⇒ p.96 参照)

注意 「있다」(ある・いる) の否定表現は、「없다」(ない・いない) を用います。

練習 3 例にならい、次の用言を「안」を用いて否定の表現にし、発音してみよう。

(例) 오다 来る ⇒ 안 와요 来ません

(1) 가다 行く ________

(2) 읽다 読む ________

(3) 숙제하다 宿題する ________

(4) 만들다 作る ________

(5) 시작하다 始める ________

(6) 좋아하다 好む・好きだ ________

(7) 아프다 痛い ________

(8) 보이다 見える・見せる ________

(9) 좋다 よい ________

練習 4 次の質問に「いいえ、…」と答えてみよう。

(1) 오늘 날씨 좋아요?　아뇨, ________

(2) 식사했어요?　아뇨, ________

(3) 아침 먹었어요?　아뇨, ________

(4) 숙제했어요?　아뇨, ________

(5) 한국 노래 좋아해요?　아뇨, ________
(노래 歌)

11課の復習

1. 例のように、次のA欄とB欄を組み合わせてB欄の用言を해요体にしてみよう。
また、できた해요体を過去形にしてみよう。

A欄	B欄	해요体	左の해요体の過去形
머리 頭 ・	・만나다	(1)머리가 아파요.	머리가 아팠어요.
후배 ・	・끄다	(2)	
사진 ・	・아프다	(3)	
불 明かり ・	・찍다 撮る	(4)	

2. 次の単語を使って、「いつ・どこで・何をした」かについて韓国語で表現してみよう。
(5)・(6)には、自分の一週間を振り返って同じように文を作ってみよう。

	(1)	(2)	(3)	(4)
いつ	월요일	10월 9일	일요일	주말
どこで	요코하마 横浜	도서관	백화점〈百貨店〉 デパート	운동장〈運動場〉 運動場
何をした	영화를 보다	책을 읽다	쇼핑하다	축구를 하다

(1) 월요일에 요코하마에서 영화를 봤어요.

(2) ____________________

(3) ____________________

(4) ____________________

(5) ____________________

(6) ____________________

11 십일

제 12 과 봄 방학 때 뭐 할 거예요?

——春休みには何をするつもりですか。

◆-(으) 세요 ◆-(으) ㄹ 거예요 ◆-고 싶다

～張民秀が池田に春休みの予定をたずねている～

80

장민수 : 봄 방학 때 뭐 할 거예요?

이케다 : 전 동아리 MT(엠티)가 있어요.
민수 씨는요?

장민수 : 한국에서 형하고 부모님이 오세요.

이케다 : 어디 안내할 거예요?

장민수 : 아직 안 정했어요.
그렇지만 아리마에는 꼭 가고 싶어요.
부모님이 온천을 좋아하세요.

張民秀 : 春休みには何をするつもりですか。
池田 : 私はサークルの合宿があります。
民秀さんは（どうするつもりですか）。
張民秀 : 韓国から兄と両親が来られます。
池田 : どこを案内するつもりですか。
張民秀 : まだ決めていません。
でも、有馬には必ず行きたいです。
両親は温泉がお好きです。

▼単語学習セット「Quizlet」

語彙と表現

봄	春
방학〈放學〉	（学校の）長期休暇
때	時、時間
할 거예요?	するつもりですか < 하다 (☞ 12-2)
전	私は < 저는
동아리	（大学の）サークル
엠티	合宿
-는요?	…は？
-하고	…と
부모님〈父母-〉	（自分の）両親、ご両親
오세요	来られます < 오다 (☞ 12-1)
안내할 거예요?〈案内-〉	案内するつもりですか < 안내하다
아직	まだ
안 정했어요	決めていません < 정하다〈定-〉
그렇지만	でも、しかし
아리마	有馬（地名）
꼭	必ず、きっと、是非
가고 싶어요	行きたいです < 가다 (☞ 12-3)
온천〈溫泉〉	温泉
좋아하세요	お好きです < 좋아하다

12 십이

発音

할 거예요 [할 꺼에요]	민수 씨는요 [민수 씨는뇨] *	한국에서 [한구게서]
정했어요 [정해써요]	그렇지만 [그러치만]	가고 싶어요 [가고 시퍼요]
부모님이 [부모니미]	온천을 [온처늘]	좋아하세요 [조아하세요]

＊nの挿入（p.97）を参照。

〈韓国の歴史〉

韓国の首都ソウルは、かつて**漢陽（한양）**と呼ばれ、現在も**景福宮（경복궁）**や**昌徳宮（창덕궁）**などの王宮が、街中にのこされています。景福宮の正面にある**光化門（광화문）**前の広場には、朝鮮王朝第4代の王でハングルを作った**世宗大王（세종대왕）**の像があります（⇒裏表紙写真）。また、昔のソウルは周囲が城壁で囲まれ、**南大門（남대문）**や**東大門（동대문）**などの門で出入りが制限されていました。ソウル市内を流れる**チョンゲチョン（清渓川・청계천）**は新たに整備され、今では市民の憩いの場となっています。⇒WEBの映像で見てみよう！

81 12-1 –(으)세요「…されます」「お…です」「…でいらっしゃいます」

해요体の尊敬形を作るには、用言の語幹に「–(으)세요」をつけます：

語幹が母音で終わる用言	–세요	…されます。／お…です。／…でいらっしゃいます。
語幹が子音で終わる用言	–으세요	

① 사장님은 경제 신문을 매일 읽으세요.　社長は経済新聞を毎日読まれます。
② 선생님은 지금 너무 바쁘세요.　先生は今、とてもお忙しいです。
③ 할머니가 고베에 사세요.*　おばあさんが神戸に住んでいらっしゃいます。

＊「사세요」の用言の基本形は「살다」（住む、生きる）。語幹が「ㄹ」で終わる用言の場合は、語幹から「ㄹ」が脱落して「–세요」がつきます。

살다 ＋ –세요 ⇒ 사세요

参考

「–(으)세요」は、平叙文だけでなく、疑問文、命令文にも用いられます。全てイントネーションで区別されます：

①선생님, 지금 바쁘세요?　先生、今お忙しいですか。
②여기 앉으세요.　こちらにどうぞ（こちらにお座りください）。

練習 1 次の用言を「–(으)세요」の形に変えて、発音してみよう。

(1) 오다 来る ________　(2) 보다 見る ________　(3) 괜찮다 大丈夫だ ________

(4) 알다 知る ________　(5) 찾다 探す ________　(6) 입다 着る ________

練習 2 例にならい、「…は…なさいます・でいらっしゃいます」という文を作ってみよう。

(例) 할아버지 / 등산을 좋아하다
⇒ 할아버지는 등산을 좋아하세요. おじいさんは登山がお好きです。

(1) 사장님 / 컴퓨터를 쓰다 ________

(2) 어머니 / 빵을 만들다 ________

(3) 선생님 / 키가 크다 背が高い ________

12-2 －(으)ㄹ 거예요「…するつもりです、…するでしょう」 82

用言について、「…するつもりです」といった話し手の意志や、「…するでしょう」といった推量を表す表現：

語幹が母音で終わる用言	－ㄹ 거예요	…するつもりです、…するでしょう
語幹が子音で終わる用言	－을 거예요	

① 저는 내일 한국에 갈 거예요. 私は明日韓国に行くつもりです。

② 언제까지 미국에 있을 거예요? いつまでアメリカにいるつもりですか。

③ 유학생에게는 그 일이 좋 힘들 거예요.* 留学生にはその仕事はちょっと大変でしょう。

＊「힘들 거예요」の用言の基本形は「힘들다」（骨が折れる、大変だ）。語幹が「ㄹ」で終わる用言の場合は、語幹から「ㄹ」が脱落して「－ㄹ 거예요」がつきます。

힘들다 ＋ －ㄹ 거예요 ⇒ 힘들 거예요

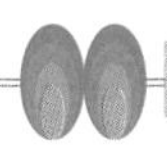
注意

「－(으)ㄹ 거예요」の発音は[꺼에요]のように濃音として発音されます。

갈 거예요 [갈 꺼에요]

練習 3「…するつもりです、…するでしょう」という表現を作って、発音してみよう。

(1) 먹다 食べる ＿＿＿＿＿＿

(2) 만들다 作る ＿＿＿＿＿＿

(3) 공부하다 勉強する ＿＿＿＿＿＿

(4) 길다 長い ＿＿＿＿＿＿

(5) 없다 ない、いない ＿＿＿＿＿＿

(6) 안 가다 行かない ＿＿＿＿＿＿

練習 4（　）内の語を使って質問に答えてみよう。

(1) 내일 뭐 할 거예요? (쇼핑하다) ＿＿＿＿＿＿

(2) 저녁에 뭐 먹을 거예요? (비빔밥) ＿＿＿＿＿＿

(3) 언제까지 올 거예요? (3시) ＿＿＿＿＿＿

12-3 −고 싶다「…したい」

83

動詞の語幹について、希望や願望を表します：

動詞の語幹 −고 싶다	…したい

① 빨리 쉬고 싶어요.　早く休みたいです。
② 한국 요리를 만들고 싶어요.　韓国料理が作りたいです。
③ 서울을 구경하고 싶었어요.　ソウルを見物したかったです。

練習 5 「〜したいです」という해요体・現在の表現をつくり、発音してみよう。

(1) 배우다 学ぶ　(2) 기억하다〈記憶−〉記憶する　(3) 기다리다 待つ

__________　__________　__________

(4) 입다 着る　(5) 마시다 飲む　(6) 알다 知る

__________　__________　__________

練習 6 例にならい、「〜したいです(か)」という表現にし、訳してから対話練習してみよう。

(例) 어디, 가다 (교토)⇒ 어디 가고 싶어요? どこに行きたいですか。

—교토에 가고 싶어요. 京都に行きたいです。

(1) 뭐, 배우다 (운전〈運轉〉運転)

質問 ____________________ ?　訳 ____________________

答え ____________________　訳 ____________________

(2) 어디, 구경하다 (경주〈慶州〉キョンジュ：慶州、韓国の地名)

質問 ____________________ ?　訳 ____________________

答え ____________________　訳 ____________________

(3) 후배하고 뭐, 먹다 (불고기 プルコギ)

質問 ____________________ ?　訳 ____________________

答え ____________________　訳 ____________________

12課の復習

1. 次の単語を自由に組み合わせて、「誰が・どこで・何を・なさいます」という文を作ってみよう。

誰が	할아버지　선생님　어머니　교수님〈教授-〉教授
どこで	서울　집　은행　학교
何を	돈　사진　책　텔레비전 テレビ
する	찍다　쓰다　찾다　보다

(例) 선생님이 집에서 텔레비전을 보세요.

(1) ______________________________

(2) ______________________________

(3) ______________________________

2. 例にならい、春休みの予定について韓国語で表現してみよう。また、友だちの予定について質問してみよう。

(例) 봄 방학 때 뭐 할 거예요? ⇒ 스노보드를 타러 홋카이도에 갈 거예요.

스노보드 スノーボード、홋카이도 北海道

(1) ____

(2) ____

3. 宝くじで50万円当たりました。何をしたいですか。例のように、「-고 싶어요.」を使って書いてみよう。また、友だちにも質問してみよう。

(例) A: 그 오십만 엔으로 뭐 하고 싶어요?

⇒　B: 부모님하고 중국에 여행을 가고 싶어요.

(1) ____

(2) ____

12 십이

☆次の対話文をよく読んで、質問に答えてみよう。

이케다 ：민수 씨, 기말시험(期末試験) 끝났어요?
장민수 ：아뇨, ⓐ내일까지 시험이 있어요.
이케다 ：아, 그래요?
그런데, 민수 씨는 방학 때 뭐 할 거예요?
장민수 ：취업 준비(就職活動)를 할 거예요. 이케다 씨는요?
이케다 ：저는 한국에 갈 거예요.
장민수 ：ⓑ ________ 가요?
이케다 ：ⓒ3月 12日에 가요.

1. 上記の文を読んで正しいものを一つ選んでみよう。(　　)
① 민수 씨는 기말시험이 안 끝났어요.
② 민수 씨는 방학 때 한국에 가요.
③ 이케다 씨는 방학 때 취업 준비를 해요.
④ 이케다 씨는 방학 때 한국에 안 가요.

2. 오늘은 목요일이에요. ⓐ는 무슨 요일이에요？(　　　　　　　　)

3. 下線ⓑに入る疑問詞を書いてみよう。(　　　　　　　　)

4. 下線ⓒを韓国語で書いてみよう。(　　　　　　　　)

〈プラスアルファ：日本語の敬語と韓国語の敬語〉

12課で해요体の尊敬形について学びましたが、韓国語にも日本語と似た敬語の体系が存在します。ただし、どのように使うかという点で、日本語と異なる部分があります。例えば親の同僚から家に電話が来て、親が不在の場合、日本語ではふつう「父・母は今おりません」というように、自分の親のことについては尊敬語を使いません。しかし韓国語の場合、同じような状況では「父・母は今いらっしゃいません」と表現します。それだけでなく、目上に対しては身内であってもふだんから尊敬語を使います。このように、日本語は相手によって敬語の有無を変える（相対敬語）のに対し、韓国語の場合は目上であれば常に敬語を用いる＝敬語の使用が相手に関係なく一定している（絶対敬語）、という違いがあるためです。

コラム　大学生活 ―MT

12 課の本文に MT（엠티）という単語が出てきました。これは Membership Training の頭文字を取って作られたものです。韓国では新年度が 3 月から始まります。大学では新学期が始まり、気温も暖かくなりはじめた 4 月頃になると、主に週末を使って 1 泊の MT に行く姿がよく見られます。

一緒に行くメンバーはサークルや学科の先輩後輩等、大学生活を共に送る人が中心です。合宿のようなものですが、何かを技術的に向上させるというよりも、出会って間もないメンバーがお互いをよく知るために行う親睦会のようなものです。

そのため、MT で行うことと言えば、全員でできる道具のいらないゲームであったり、お互いをより深く知り、理解するための話し合いが中心です。日本の大学生活で言うと、新歓コンパのようなものですが、それよりも中身の濃いものと言えるでしょう。人とのつながりを大切に考える韓国社会の一面を映しだした一例と言えるかもしれません。

ここでは「369 ゲーム（삼육구 게임）」を紹介します。4 人以上で輪になって行いますが、例として 5 人グループで、A さんから E さんが一緒にするとします。

まず、A さんが「1!」と言います。次に B さんが「2!」と言います。そして、C さんは「3!」とは言わずに、一回だけ「パチン」と拍手をします。続いて D さんが「4!」、E さんが「5!」と言い、一巡して A さんが「6!」とは言わずに拍手をします。

このように、数字を言いながらグルグル回っていくだけなのですが、「3」「6」「9」や「13」「16」「19」という 3、6、9 が含まれた数字の時だけ、その数字を言わないで手をたたく、というゲームです。一見簡単そうに見えますが、実際にしてみると勢いで「19!」と叫んでしまう場合があります。もちろん、数字は韓国語で言います。

いくつか応用バージョンもありますが、是非皆さんのアイディアで作ってみてください。

参考文献

李昌圭 (2011)『韓国語をはじめよう　中級』朝日出版社
内山政春 (2008)『しくみで学ぶ初級朝鮮語』白水社
生越直樹・曺喜澈 (2000)『ことばの架け橋』白帝社
菅野裕臣 (1981)『朝鮮語の入門』白水社
金順玉・阪堂千津子 (2009)『新・チャレンジ！韓国語』白水社
野間秀樹 (2007)『新・至福の朝鮮語』朝日出版社
野間秀樹・村田寛・金珍娥 (2007)『Campus Corean—はばたけ！韓国語』朝日出版社
長谷川由起子 (2001; 2006)『コミュニケーション韓国語　会話編 1』白帝社
長谷川由起子・李秀炅 (2006)『韓国語初級教材の語彙調査—教科書 15 種に現れた語彙的学習項目—』白帝社
ハングル能力検定協会 (2006)『「ハングル」検定公式ガイド　合格도우미—合格レベルと語彙リスト—初・中級編』ハングル能力検定協会
白峰子 (2004)『韓国語文法辞典』(大井秀明訳、野間秀樹監修) 三修社
山本貫三・朴賢雨 (2009)『韓日・日韓漢字語用例辞典』白帝社
油谷幸利・門脇誠一・松尾勇・高島淑郎 (1992)『朝鮮語辞典』小学館
油谷幸利・コ ヨンジン (2005)『実用韓国語』白水社
吉本一・中島仁・石賢敬・曺喜澈 (2009)『みんなの韓国語 1』白帝社
吉本一・中島仁・石賢敬・曺喜澈 (2009)『みんなの韓国語 2』白帝社

국립국어연구원 (1999)『표준 국어 대사전』두산동아
서상규 외 (2006)『외국인을 위한 한국어 학습 사전』신원프라임
연세대학교 언어정보개발연구원 (1998)『연세 한국어사전』두산동아
이현복 (2002; 2003)『한국어 표준발음사전—발음・강세・리듬』서울대학교출판부

「韓国におけるスマートフォンの時代」『KOREANA』Vol. 17 No. 3 (2010 年秋号) 韓国国際交流財団

付　録

●用言活用リスト●

	基本形	-아요/어요	-았어요/었어요	-(으) 세요	-(으) ㄹ 거예요
		…です・ます	…しました・…でした	…なさいます・…でいらっしゃいます	…つもりです・…でしょう
子音語幹	받다(受け取る)	받아요	받았어요	받으세요	받을 거예요
	찾다(探す)	찾아요	찾았어요	찾으세요	찾을 거예요
	괜찮다(大丈夫だ)	괜찮아요	괜찮았어요	괜찮으세요	괜찮을 거예요
	많다(多い)	많아요	많았어요	많으세요	많을 거예요
	좋다(よい)	좋아요	좋았어요	좋으세요	좋을 거예요
	먹다(食べる)	먹어요	먹었어요	*	먹을 거예요
	없다(ない、いない)	없어요	없었어요	없으세요	없을 거예요
	웃다(笑う)	웃어요	웃었어요	웃으세요	웃을 거예요
	읽다(読む)	읽어요	읽었어요	읽으세요	읽을 거예요
	맛있다(おいしい)	맛있어요	맛있었어요	맛있으세요	맛있을 거예요
ㄹ語幹	알다(知る、分かる)	알아요	알았어요	아세요	알 거예요
	놀다(遊ぶ)	놀아요	놀았어요	노세요	놀 거예요
	멀다(遠い)	멀어요	멀었어요	머세요	멀 거예요
	만들다(作る)	만들어요	만들었어요	만드세요	만들 거예요
	길다(長い)	길어요	길었어요	기세요	길 거예요
母音語幹	오다(来る)	와요	왔어요	오세요	올 거예요
	주다(あげる)	줘요	줬어요	주세요	줄 거예요
	배우다(習う)	배워요	배웠어요	배우세요	배울 거예요
	걸리다(かかる)	걸려요	걸렸어요	걸리세요	걸릴 거예요
	다니다(通う)	다녀요	다녔어요	다니세요	다닐 거예요
	가다(行く)	가요	갔어요	가세요	갈 거예요
	보내다(送る)	보내요	보냈어요	보내세요	보낼 거예요
	서다(立つ)	서요	섰어요	서세요	설 거예요
	켜다(つける)	켜요	켰어요	켜세요	켤 거예요
	세다(数える)	세요	셌어요	세세요	셀 거예요
	되다(なる)	돼요	됐어요	되세요	될 거예요
	잘되다(うまくいく)	잘돼요	잘됐어요	잘되세요	잘될 거예요
	쉬다(休む)	쉬어요	쉬었어요	쉬세요	쉴 거예요
	띄다(目につく)	띄어요	띄었어요	띄세요	띌 거예요

＊「먹다」（食べる）の尊敬形は「드시다」（召し上がる）を用いる。「－（으）세요」がついた形は「드세요」となる。

	基本形	-아요/어요	-았어요/었어요	-(으) 세요	-(으) ㄹ 거예요
		…です・ます	…しました・ …でした	…なさいます・ …でいらっしゃいます	…つもりです・ …でしょう
으語幹	아프다(痛い)	아파요	아팠어요	아프세요	아플 거예요
	모으다(集める)	모아요	모았어요	모으세요	모을 거예요
	예쁘다(きれいだ)	예뻐요	예뻤어요	예쁘세요	예쁠 거예요
	슬프다(悲しい)	슬퍼요	슬펐어요	슬프세요	슬플 거예요
	크다(大きい)	커요	컸어요	크세요	클 거예요
	쓰다(書く、使う)	써요	썼어요	쓰세요	쓸 거예요
하다	하다(する)	해요	했어요	하세요	할 거예요
	좋아하다(好む)	좋아해요	좋아했어요	좋아하세요	좋아할 거예요
	공부하다(勉強する)	공부해요	공부했어요	공부하세요	공부할 거예요
	미안하다(申し訳ない)	미안해요	미안했어요	미안하세요	미안할 거예요
	정하다(決める)	정해요	정했어요	정하세요	정할 거예요

●助詞のまとめ●

韓国語	意味・機能	日本語	用例	
-가 / 이	①主語	…が	친구가 웃어요.	友達が笑っています。
			남동생이 왔어요.	弟が来ました。
	②否定の対象	…では(ない)	그 사람은 친구가 아니에요.	その人は友達ではありません。
			여동생은 대학생이 아니에요.	妹は大学生ではありません。
-까지	①移動の終点	…まで	학교까지 두 시간 걸려요.	学校まで2時間かかります。
	②時の終点		3 시까지 공부했어요.	3時まで勉強しました。
-는 / 은	主題	…は	친구는 유학생이에요.	友達は留学生です。
			제 전공은 경제학이에요.	私の専攻は経済学です。
-도	添加	…も	형도 대학생이에요.	兄も大学生です。
-로 / 으로	手段・道具	…で	버스로 / 전철로 가요.	バスで / 電車で行きます。
			볼펜으로 써 주세요.	ボールペンで書いてください。
-를 / 을	目的・対象	…を	영화를 봤어요.	映画を見ました。
			가방을 샀어요.	カバンを買いました。
-부터	時の起点	…から	수업은 9 시부터 시작해요.	授業は9時から始まります。
-보다	比較対象	…より	지하철이 버스보다 빨라요.	地下鉄がバスより早いです。
-에	①存在場所	…に	학교는 오사카에 있어요.	学校は大阪にあります。
	②移動の終点		도서관에 가요.	図書館に行きます。
	③時		3 시에 약속이 있어요.	3時に約束があります。
-에게	受け手	…に	후배에게 문자를 보내요.	後輩にメールを送ります。
-에서	①場所	…で	학교에서 시험을 봐요.	学校で試験を受けます。
	②移動の起点	…から	서울에서 왔어요.	ソウルから来ました。
-와 / 과	①羅列	…と	지우개와 연필을 샀어요.	消しゴムと鉛筆を買いました。
	②共同者		부모님과 같이 부산에 가요.	親と一緒にプサンに行きます。
-의	所有・所属	…の	한국의 수도는 서울이에요.	韓国の首都はソウルです。
-한테	受け手 (話しことば的)	…に	후배한테 문자를 보내요.	後輩にメールを送ります。
-하고	羅列・共同者 (話しことば的)	…と	부모님하고 같이 부산에 가요.	親と一緒にプサンに行きます。

●字母の名称と辞書における排列●

〈字母の名称〉

子音字母の名称は以下のとおりです（カッコ内は朝鮮民主主義人民共和国における名称）：

ㄱ	ㄴ	ㄷ	ㄹ	ㅁ	ㅂ	ㅅ
기역 (기윽)	니은	디귿 (디읃)	리을	미음	비읍	시옷 (시읏)
ㅇ	**ㅈ**	**ㅊ**	**ㅋ**	**ㅌ**	**ㅍ**	**ㅎ**
이응	지읒	치읓	키읔	티읕	피읖	히읗
ㄲ	**ㄸ**	**ㅃ**	**ㅆ**	**ㅉ**		
쌍기역 (된기윽)	쌍디귿 (된디읃)	쌍비읍 (된비읍)	쌍시옷 (된시읏)	쌍지읒 (된지읒)		

〈辞書における字母の排列〉

大韓民国における一般的な辞書は、以下のように字母が並んでいます：

子音：ㄱ ㄲ ㄴ ㄷ ㄸ ㄹ ㅁ ㅂ ㅃ ㅅ ㅆ ㅇ ㅈ ㅉ ㅊ ㅋ ㅌ ㅍ ㅎ
母音：ㅏ ㅐ ㅑ ㅒ ㅓ ㅔ ㅕ ㅖ ㅗ ㅘ ㅙ ㅚ ㅛ ㅜ ㅝ ㅞ ㅟ ㅠ ㅡ ㅢ ㅣ

なお、朝鮮民主主義人民共和国における字母の排列は以下の通りです：

子音：ㄱ ㄴ ㄷ ㄹ ㅁ ㅂ ㅅ (ㅇ) ㅈ ㅊ ㅋ ㅌ ㅍ ㅎ ㄲ ㄸ ㅃ ㅆ ㅉ
＊ㅇはパッチムのみ該当
母音：ㅏ ㅑ ㅓ ㅕ ㅗ ㅛ ㅜ ㅠ ㅡ ㅣ ㅐ ㅒ ㅔ ㅖ ㅚ ㅟ ㅢ ㅘ ㅝ ㅙ ㅞ

〈辞書の引き方〉

1. 初声の子音字母を見る：「감」は「남」よりも先に出てくる
2. 初声が同じ場合、母音字母を見る：「산」は「신」よりも先に出てくる
3. 母音まで同じ場合、終声の子音字母を見る：「발」は「밤」よりも先に出てくる

☆ここで例に挙げた単語の意味を、辞書を使って調べてみよう。

発音の規則

(1) 終声の発音

表記としてのパッチム(終声字母) はさまざまですが、発音としての終声は、以下に示す 7 種類しかありません:

終声	パッチム
[ᵖ]	ㅂ ㅍ
[ᵗ]	ㄷ ㅌ ㅅ ㅆ ㅈ ㅊ ㅎ
[ᵏ]	ㄱ ㅋ ㄲ

앞 [압] 前　　집 [집] 家
밭 [받] 畑　　옷 [옫] 服
부엌 [부억] 台所　　밖 [박] 外

終声	パッチム
[m]	ㅁ
[n]	ㄴ
[ŋ]	ㅇ
[l]	ㄹ

섬 [섬] 島　　몸 [몸] 体
산 [산] 山　　눈 [눈] 目
강 [강]〈江〉川　　방 [방] 部屋
쌀 [쌀] 米　　달 [달] 月

(2) 二文字のパッチムの発音

二文字のパッチムは、単独で読む場合、あるいは後ろに子音が続く場合、多くは左側の文字を読みます:

パッチム		終声	
ㅄ	➡	[ᵖ]	없다 [업따] ない、いない
ㄳ	➡	[ᵏ]	넋 [넉] 魂
ㄵ ㄶ	➡	[n]	앉는 [안는] 座る～
ㄽ ㄾ ㅀ ㄼ*	➡	[l]	핥다 [할따] なめる　　여덟 [여덜] やっつ

* 밟다「踏む」のみ[밥따]と発音する

次の二文字のパッチムは右側の文字を読みます:

ㄻ	➡	[m]	삶 [삼] 生
ㄿ	➡	[ᵖ]	읊다 [읍따] (詩歌を) 詠(えい)ずる
ㄺ	➡	[ᵏ]	닭 [닥] 鶏

ただし、後ろに母音が続く場合には二文字とも読み、連音化などが起こります:

앉아요 [안자요] 座ります　　없어요 [업써요] いません、ありません

⑶ 濃音化

閉鎖音の終声 [^{p}][^{t}][^{k}] に平音の初声「ㅂ， ㄷ， ㄱ， ㅈ， ㅅ」が続くとき、これらの初声は有声音化せずに、それぞれ濃音「ㅃ， ㄸ， ㄲ， ㅉ， ㅆ」として発音されます：

パッチム		終声		初声		終声		初声
				ㅂ				ㅃ
ㅂ， ㅍ	=	[^{p}]	+	ㄷ	➡	[^{p}]		ㄸ
ㄷ， ㅌ， ㅅ， ㅆ， ㅈ， ㅊ， ㅎ	=	[^{t}]	+	ㄱ	➡	[^{t}]	+	ㄲ
ㄱ， ㅋ， ㄲ	=	[^{k}]	+	ㅈ	➡	[^{k}]		ㅉ
				ㅅ				ㅆ

옆방 [엽빵] 隣の部屋

믿다 [믿따] 信じる

학교 [학꾜] 学校

잡지 [잡찌] 〈雜誌〉 雑誌

약속 [약쏙] 〈約束〉 約束

⑷ 鼻音化

閉鎖音の終声 [^{p}][^{t}][^{k}] に「ㄴ」または「ㅁ」が続くと、終声の [^{p}][^{t}][^{k}] はそれぞれ対応する鼻音 [m][n][ŋ] で発音されます：

パッチム		終声		初声		終声		初声
ㅂ， ㅍ	=	[^{p}]	+		➡	[m]		
ㄷ， ㅌ， ㅅ， ㅆ， ㅈ， ㅊ， ㅎ	=	[^{t}]	+	ㄴ， ㅁ	➡	[n]	+	ㄴ， ㅁ
ㄱ， ㅋ， ㄲ	=	[^{k}]	+		➡	[ŋ]		

갑니다 [감니다] 行きます　　옆만 [염만] 横だけ

웃는 [운는] 笑う～　　있는 [인는] ある～、いる～

학년 [항년]〈學年〉 学年　　밖만 [방만] 外だけ

(5) 激音化①：閉鎖音の終声に「ㅎ」が続く場合

閉鎖音の終声 [p˺][t˺][k˺] に「ㅎ」が続くと、それぞれ対応する激音［ㅍ］［ㅌ］［ㅋ］で発音されます：

パッチム		終声		初声		初声
ㅂ，ㅍ	=	[p˺]	+	ㅎ	➡	［ㅍ］
ㄷ，ㅌ，ㅅ，ㅆ，ㅈ，ㅊ，ㅎ	=	[t˺]	+		➡	［ㅌ］
ㄱ，ㅋ，ㄲ	=	[k˺]	+		➡	［ㅋ］

입학 [이팍]〈入學〉入学

못해요 [모태요] できません

축하 [추카]〈祝賀〉お祝い

(6) 激音化②：「ㅎ」を含むパッチムに平音が続く場合

「ㅎ」を含むパッチム「ㅎ，ㄶ，ㅀ」に、「ㄷ，ㄱ，ㅈ」で始まる音節が続く場合、後続する「ㄷ，ㄱ，ㅈ」は激音として発音されます：

パッチム		初声		初声
ㅎ	+	ㄷ	➡	［ㅌ］
	+	ㄱ	➡	［ㅋ］
	+	ㅈ	➡	［ㅊ］

좋다 [조타] よい　　많다 [만타] 多い

좋고 [조코] よくて

좋지 [조치] いいだろう　　싫지만 [실치만] いやだが

(7) h の弱化・無音化

パッチムの「ㅁ，ㄴ，ㅇ，ㄹ」に「ㅎ」が続くと、「ㅎ」は弱化してほとんど発音されません：

パッチム		初声字母		初声
ㅁ	+	ㅎ	➡	［ㅁ］
ㄴ	+		➡	［ㄴ］
ㅇ	+		➡	［ㅇ］
ㄹ	+		➡	［ㄹ］

삼호선 [사모선]〈三號線〉三号線

은행 [으냉]〈銀行〉銀行

영화 [영와]〈映畫〉映画

결혼 [겨론]〈結婚〉結婚

また、「ㅎ, ㄶ, ㅀ」のような「ㅎ」を含むパッチムに母音が続く場合、「ㅎ」は発音されません（無音化）：

좋아요 [조아요] いいです　　많이 [마니] たくさん　　싫어요 [시러요] いやです

(8) 流音化

「ㄴ」と「ㄹ」が隣り合うと、常に[ㄹ]＋[ㄹ]の発音になります：

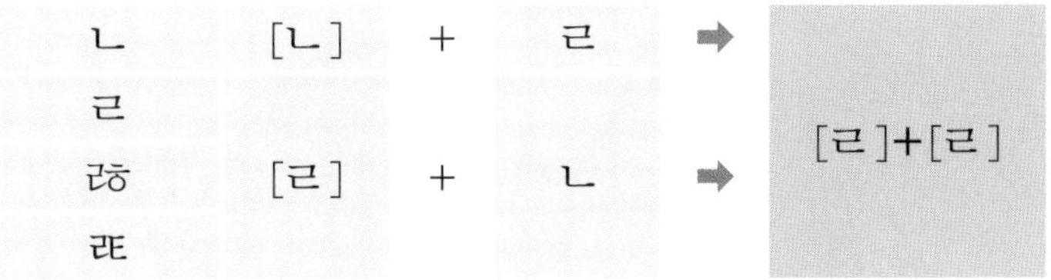

ㄴ	[ㄴ]	+	ㄹ	➡	[ㄹ]+[ㄹ]
ㄹ					
ㅀ	[ㄹ]	+	ㄴ	➡	
ㄾ					

연락 [열락]〈連絡〉 連絡

실내 [실래]〈室內〉 室内　　잃는다 [일른다] 失う

(9) n の挿入

合成語など二つ以上の要素が結びつく際に、前の要素がパッチムで終わり、後ろの要素がヤ行音の「이야여요유애예」で始まる場合、後ろの要素の前に発音上ㄴが挿入されます：

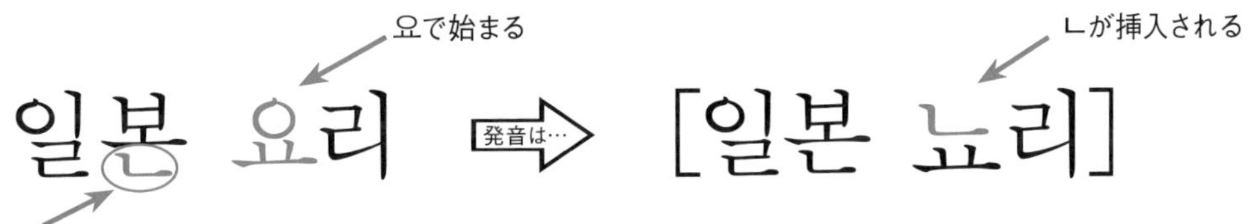

문 옆 [문 녑] ドアの横　　무슨 요일 [무슨 뇨일] 何曜日

잠시만요 [잠시만뇨] ちょっと待ってください

ㄴが挿入された後、鼻音化や流音化が起きます：

십육 [심뉵]〈十六〉 十六

한국 요리 [한궁 뇨리]〈韓國料理〉 韓国料理

못 입어요 [몬 니버요] 着られません

지하철 역 [지하철 력] 地下鉄の駅

●身体名称：얼굴과 몸 顔と体●

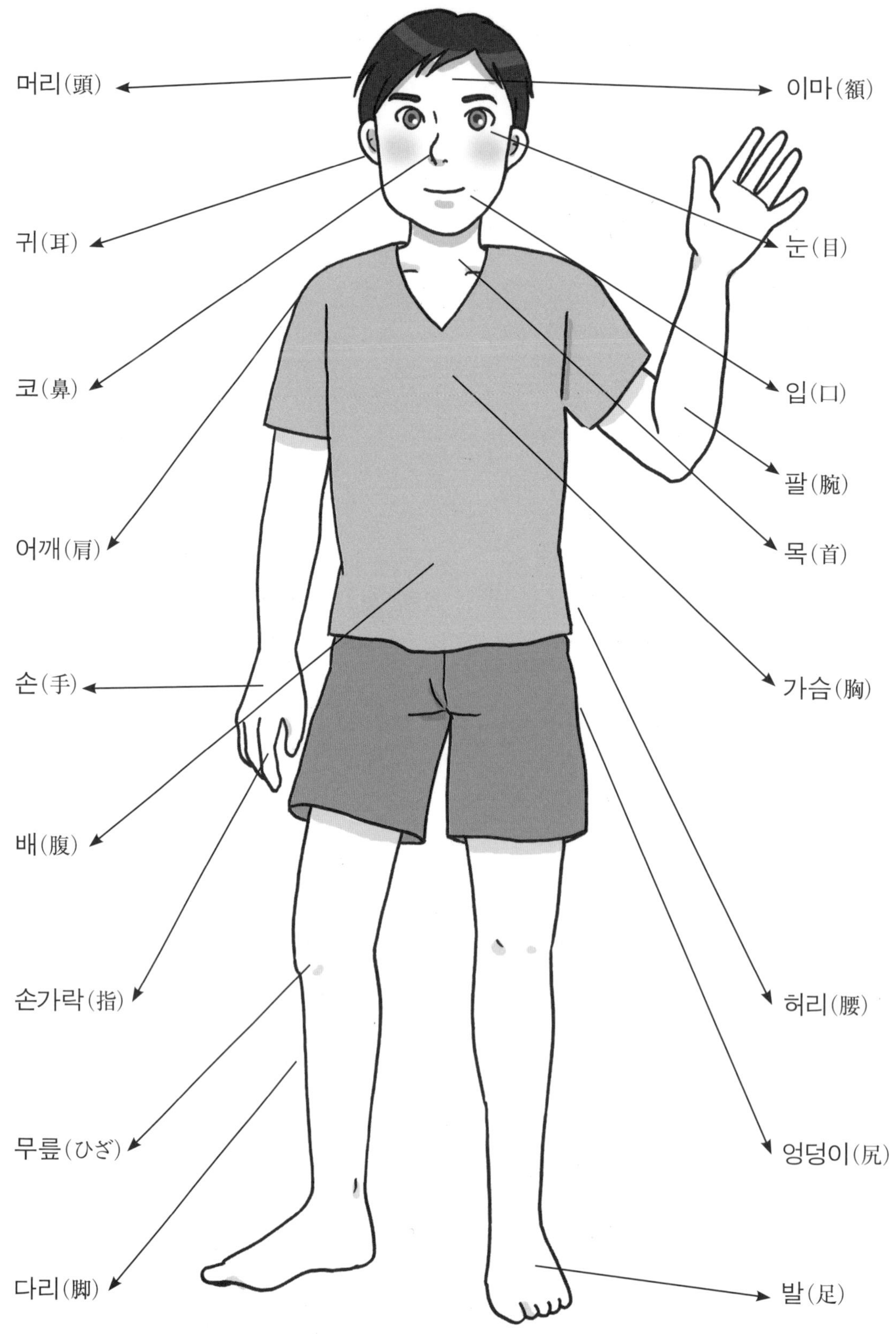

가족 家族

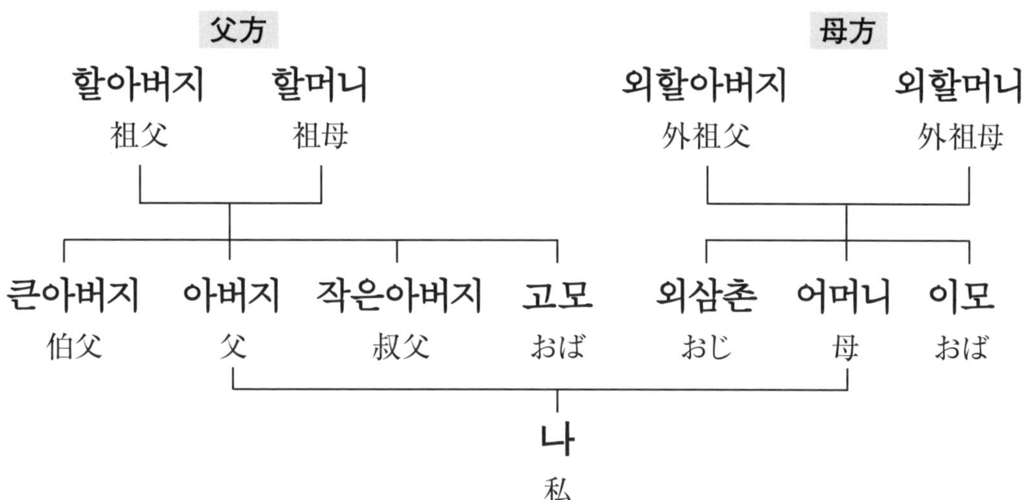

「私」が女の場合

「私」が男の場合

その他の関係（「夫」の立場から見た場合）

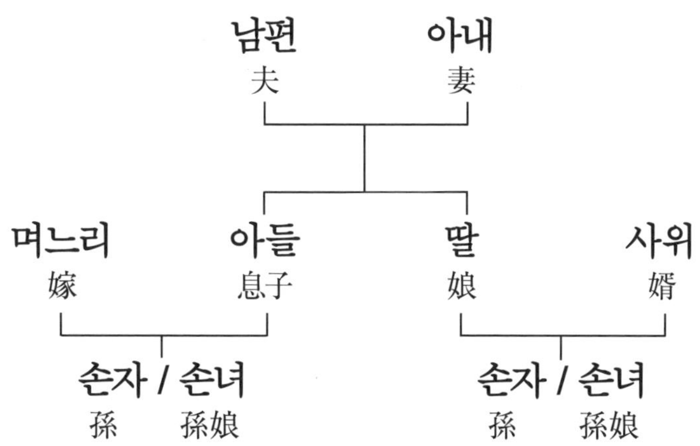

●朝鮮半島の地図●

ロシア
러시아
中国
중국
清津 청진
恵山 혜산
咸鏡北道
함경북도
朝鮮民主主義人民共和国(北朝鮮)
조선민주주의인민공화국(북한)
江界
강계
両江道
량강도
慈江道
자강도
新義州
신의주
平安北道
평안북도
咸鏡南道
함경남도
咸興
함흥
平安南道
평안남도
平城
평성
平壌
평양
元山
원산
江原道
강원도
東海
동해
沙里院
사리원
黄海北道
황해북도
黄海南道
황해남도
開城
개성
海州
해주
束草
속초
春川
춘천
江陵
강릉
京畿道
경기도
鬱陵島
울릉도
江華島
강화도
ソウル
서울
江原道
강원도
黄海
황해
仁川
인천
水原
수원
忠清北道
충청북도
忠清南道
충청남도
清州청주
安東
안동
大田대전
公州공주
扶余 부여
慶尚北道
경상북도
大韓民国(韓国)
대한민국(한국)
浦項
포항
全州
전주
大邱
대구
慶州
경주
全羅北道
전라북도
蔚山
울산
慶尚南道
경상남도
務安
무안
光州
광주
昌原
창원
釜山
부산
木浦
목포
全羅南道
전라남도
麗水
여수
巨済島
거제도
珍島
진도
南海
남해
済州
제주
済州道
제주도

索引（韓国語―日本語）

농학	農学	5課
높다	高い	7、11課
누구	誰、誰か	4、8課
누나	(年下の男性から見た)お姉さん	1課
눈	目	3課

◆ ㄷ

다니다	通う、勤める	8、9、10、11課
다섯	五つ、五つの	3、9、10課
다시	もう一度、再び	2課
다음	今度、次、この次	2、10課
다음 달	来月、翌月	9、10課
다음 주	来週、翌週	8、9課
단어	単語	2課
달	月	3課
대개	たいてい、たいがい	9、10課
대학	大学、学部	3課
대학교	大学、総合大学	4課
도복	胴着	8課
도서관	図書館	2、6、8、9、10、11課
독일어	ドイツ語	5課
돈	お金	8、10、12課
돌아오다	帰ってくる、戻ってくる	8課
동생	弟、妹	2、4、5課
동아리	(大学の)サークル	12課
돼지	ブタ	2課
되다	(…に)なる	8、11課
두	二つの	9、10課
둘	二つ	9課
뒤	後ろ、後、裏	6課
등산	登山、山登り	12課
딸	娘	3課
때	時	12課
떡볶이	トッポッキ	3課
떨어지다	落ちる、落下する	8課
또	また、再び	3課
띄다	(目に)つく、見える	9課

◆ ㄹ

리포트	レポート	11課

◆ ㅁ

마리	…匹、…頭、…羽	9課
마시다	飲む	8、12課
마을	村	1課
마음	心	1課
만	万	2、6、12課
만나다	会う、出会う	9、11課
만들다	作る	7、10、11、12課
많다	多い	7、8、11課
말하다	言う、話す	10、11課
맛있다	おいしい	3、7課
매일	毎日	8、10、12課
맵다	辛い	3課
머리	頭、髪	1、11課
먹다	食べる	7、8、9、10、11、12課
멀다	遠い	9課
메일	メール、電子メール	1、5、9課
며칠	何日	10課
명	…人、…名	9課
몇	何…、いくつの…、	3、6、9、10課
모으다	集める	11課
모의시험	模擬試験	8課
목요일	木曜日	9、10、12課
몸	体、身体	1課
무료	無料	1課
무슨	何の…、何か	7、8、10、12課
무엇	何、何か	5課
문학	文学	5課
뭐	何、何か	5、6、7、8、10、12課
미국	アメリカ	12課
미안하다	すまない、申し訳ない	10課
미안해요	すみません	7課
믿다	信じる、信用する	3、7課
밑	下、底	3、6課

◆ ㅂ

바다	海	2課
바로	すぐ、直ちに	6課
바쁘다	忙しい	3、11、12課
바지	ズボン	2、5課
박	[姓]朴	3課
밖	外	3、6、8課
반	半、半分	9課
반갑습니다	(お会いできて)うれしいです	4課
받다	もらう、受け取る、とる	3、7、9、10、11課
밤	夜	2課
밥	ご飯、飯	3、8、9、10課
방	部屋	2、11課
방학	(学校の)長期休暇	12課
배	お腹、腹	11課
배구	バレーボール	10課
배우다	習う、学ぶ、教わる	8、11、12課
백	百	6課
백화점	デパート	5、11課
버스	バス	2、9課
번	…番	7課
번호	番号	7課
법학	法学	5課
병원	病院	2課

보내다	送る、(手紙を) 出す、届ける	9、11 課
보다	見る、読む、(試験を) 受ける	2、8、9、10、11、12 課
보여 주세요	見せてください	2 課
보이다	見える、見せる	8、11 課
보통	ふつう、たいてい	9、10 課
봄	春	9、12 課
봄 방학	春休み	12 課
부모님	(自分の) 両親、ご両親	12 課
부산	プサン(釜山:地名)	9 課
부엌	台所、炊事場	3 課
부치다	(手紙などを) 出す	10 課
분	…方(かた)	4 課
분	…分	9 課
불	火、明かり	11 課
불고기	プルコギ	12 課
비빔밥	ビビンバ	7、12 課
비싸다	(値段が) 高い	3 課
비행기	飛行機	9 課
빚	借金、借り	3 課
빨리	速く、早く	3、7、12 課
빵	パン	12 課
뼈	骨	3 課

◆ ㅅ

사	四	2、6、7 課
사과	りんご	2 課
사다	買う	9 課
사람	人(ひと)	2、4、5、12 課
사랑하다	愛する	10 課
사실은	実は	11 課
사장님	社長	12 課
사전	辞典、辞書	5、8 課
사진	写真	8、11、12 課
살	…歳	9 課
살다	住む、暮らす、生きる	12 課
삼	三	2、5、6、7 課
생각하다	考える、思う	10 課
생일	誕生日	2、6 課
서다	立つ、建つ、止まる	9、11 課
서울	ソウル(地名)	9、12 課
서점	書店	8 課
선물	プレゼント、贈り物	7、8、9 課
선배	先輩	4、7、8 課
선생님	先生	2、4、5、6、8、12 課
세	三つの	9 課
세다	数える、勘定する	9、11 課
세다	強い	9 課
셋	三つ	9 課
소리	音、声	2 課
속	中、中身	6 課
손	手	2 課
쇼핑하다	ショッピングする	10、11、12 課
수업	授業	4、5、6、7、9、10 課
수영	水泳	10 課
수요일	水曜日	9、10 課
숙제	宿題	3、7 課
숙제하다	宿題する	10、11 課
쉬다	休む、休息をとる	9、10、11、12 課
쉽다	簡単だ	2 課
스노보드	スノーボード	12 課
스마트폰	スマートフォン	8、9 課
스무	二十の	9 課
스물	二十	9 課
스키	スキー	10 課
스페인어	スペイン語	5 課
스포츠	スポーツ	3、10 課
슬프다	悲しい	11 課
시	…時	9、10、12 課
시간	時間、時刻、…時間	2、7、9、10、11 課
시계	時計	5、6 課
시월	10 月	6 課
시작하다	始める	10、11 課
시장	市場	2 課
시험	試験、テスト	8、9、10、12 課
식당	食堂	6、7、8、10 課
식사하다	食事する	10、11 課
신문	新聞	7 課、12 課
싫어하다	嫌う、いやだ	10 課
십	十	6、10 課
싸다	安い	3 課
쌀	米	3 課
쓰다	書く、使う	11、12 課
씨	…さん、…氏	4、5、6、7、8、9、10、11、12 課

◆ ㅇ

아	あ(そうか)、ああ	1、4、12 課
아까	さっき、先ほど	3 課
아뇨	いいえ	1、2、3、4、5、6、8、9、10、11、12 課
아래	下、下部	6 課
아르바이트	アルバイト	6、10 課
아리마	有馬(地名)	12 課
아버지	お父さん、父	2、4 課
아오모리	青森(地名)	1 課
아우	弟、妹	1 課
아이	子ども	1 課
아저씨	おじさん	3 課
아주	とても、非常に	10 課
아직	まだ	12 課

아침	朝、朝食	6、9、11 課
아프다	(体の一部が) 痛い、具合が悪い	11 課
아홉	九つ、九つの	9、10 課
안	中、内	6 課
안	(…し) ない、(…く) ない	3、11、12 課
안경	眼鏡	3 課
안내하다	案内する	12 課
안녕	バイバイ、元気？	1 課
안녕하세요？	こんにちは、お元気でいらっしゃいますか	4 課
안색	顔色	11 課
앉다	座る	6、7、12 課
알다	知る、分かる	7、12 課
압도	圧倒	3 課
압박	圧迫	3 課
앞	(空間的に) 前	3、6、7、8 課
애	子ども	1 課
야구	野球	2、10 課
야구광	熱烈な野球ファン	10 課
약속	約束	3、6、7 課
약학	薬学	5 課
양산	日傘	5 課
얘야	坊や、お嬢ちゃん	1 課
어깨	肩	3 課
어느	どの…、何の…	1、8 課
어느 것	どれ	8 課
어디	どこ、どこに、どこか	5、6、8、10、11、12 課
어때요？	どうですか	3 課
어렵다	難しい	2 課
어머니	お母さん、母	1、4、12 課
어제	昨日	6、9 課
억	億	6 課
언니	(年下の女性から見た) お姉さん、姉	1、4、8 課
언제	いつ、いつか	2、6、12 課
얼굴	顔	2 課
얼마	いくら、どのくらい	1 課
없다	ない、いない	6、7、11、12 課
에러	エラー	1 課
에이	A	1 課
에이관	A 館	6 課
엔	…円	6、12 課
엠티	合宿	12 課
여기	ここ、ここに	2、5、7、8、12 課
여기요	どうぞ	2 課
여덟	八つ、八つの	6、9 課
여름	夏	9 課
여섯	六つ、六つの	9 課
여야	与野	1 課
여자	女性、女、女の人	5、8 課
여행	旅行	10、12 課
역	駅	9 課
연필	鉛筆	4、5、6 課
열	とお、十	9 課
영어	英語	1、2、5、6、8、9 課
영화	映画	10、11 課
옆	隣、横	6 課
옆방	隣の部屋	3 課
예	はい	1 課
예쁘다	きれいだ、かわいい、素敵だ	3、11 課
예의	礼儀	2 課
오	五	2、6、7、10 課
오늘	今日	1、2、3、4、6、7、9、10、11、12 課
오다	来る、帰ってくる	3、8、9、10、11、12 課
오른쪽	右、右側	6 課
오빠	(年下の女性から見た) お兄さん、兄ちゃん	3、4、5 課
오사카	大阪(地名)	5、9 課
오십	五十	12 課
오이	きゅうり	1 課
오전	午前	10 課
오후	午後	6、7、8 課
온천	温泉	12 課
올라가다	上がる、登る	9 課
올해	今年	9 課
옷	服、衣服	3 課
왜	なぜ、どうして	11 課
왜요？	どうしてですか	2 課
외국어	外国語	5 課
왼쪽	左、左側	6 課
요리	料理	1、12 課
요일	曜日	10、11、12 課
요코하마	横浜(地名)	11 課
우려	憂慮	1 課
우리	私達、我々、うちの…	1、8 課
우산	傘、雨傘	5 課
우아	優雅	1 課
우애	友愛	1 課
우유	牛乳	1、2 課
우체국	郵便局	10 課
우편	郵便	9 課
운동	運動	2 課
운동장	運動場、グラウンド	11 課
운전	運転	12 課
울다	泣く	7 課
웃다	笑う	7、11 課
원	…ウォン	2、6 課

월	…月	2、6、10、11 課
월요일	月曜日	2、10、11 課
웨이브	ウェーブ	2 課
위	上、上の方、上部	6 課
유례	類例	1 課
유학생	留学生	12 課
육	六	6、7 課
은행	銀行	8、10、12 課
의무	義務	2 課
의미	意味	2 課
의자	椅子	9 課
이	二	2、6、7 課
이	この	1、3、8 課
이거	これ	2 課
이건	これは	8 課
이것	これ	4、5、7、8 課
이름	名前、名称	4、5 課
이번 달	今月	9 課
이번 주	今週	9、10 課
이분	この方	8 課
이유	理由	1 課
이탈리아어	イタリア語	5 課
일	仕事、用事	12 課
일	一	6、7、10、11 課
일	…日	2、6、10、11 課
일곱	七つ、七つの	9 課
일본	日本	2、3、4 課
일본 사람	日本人	4 課
일본어	日本語	2、5 課
일어나다	起きる、起こる、生じる	9 課
일어서다	立つ、立ち上がる	9 課
일요일	日曜日	9、10、11 課
읽다	読む	7、11、12 課
입	口	3 課
입구	入口	3 課
입다	着る	12 課
입수	入手	3 課
있다	ある、いる	3、6、7、8、9、10、12 課
잊다	忘れる	3 課
잎	葉	3 課

◆ **ㅈ**

자다	寝る	3、9、11 課
자동차	自動車	6、9 課
자전거	自転車	9、10 課
작년	昨年	9 課
작다	小さい、(背が) 低い	7 課
잘되다	うまくいく、よくできる、幸いだ	8 課
잠시만요	ちょっと待って下さい、少々お待ち下さい	7 課
잡지	雑誌	3 課
장	…枚	9 課
재미있다	面白い	7 課
저	あのう、ええと	4 課
저	私、わたくし	4、5、8、10、12 課
저	あの	8 課
저것	あれ	8 課
저기	あそこ	8 課
저녁	晩、夜、夕食	9、12 課
저분	あの方	8 課
적다	少ない	7 課
전	私は	12 課
전공	専攻	5、7 課
전자사전	電子辞書	8 課
전철	電車、地下鉄	9 課
전화	電話	7、8 課
점심	お昼、昼ごはん、昼食	7、8、9、10、11 課
젓가락	箸	9 課
정도	程度、くらい、ほど	9、10 課
정말	本当(に)	2、3 課
정하다	決める	12 課
제	私の…	4、5 課
제	第…	5 課
제이 외국어	第二外国語	5 課
조	兆	6 課
좀	ちょっと、少し、しばらく	3、9、12 課
좋다	よい、好きだ	7、11 課
좋아하다	好きだ、好む、喜ぶ	10、11、12 課
주다	くれる、あげる、やる	8、11 課
주말	週末	8、11 課
주스	ジュース	2 課
주의	注意	2 課
중국	中国	3、10、12 課
중국 사람	中国人	3 課
중국어	中国語	5、8 課
중앙	中央	2 課
지금	今	2、4、8、12 課
지난달	先月	9 課
지난주	先週	9 課
지우개	消しゴム	4、5 課
지하철	地下鉄	3、9 課
진짜	本物、本当に	3 課
집	家、うち、住まい	3、4、5、6、9、12 課
짜다	塩辛い	3 課
찌개	チゲ(鍋料理)	3 課
찍다	(写真を) 撮る	11、12 課

◆ **ㅊ**

차다	冷たい	3 課
참	あ、そうだ、そういえば	7、10 課
찾다	探す、(辞書を) 調べる、(お金を) おろす	8、10、12 課
책	本、書物	4、5、7、8、11、12 課
책상	机、デスク	6 課
처음	初めて	3 課
천	千	6 課
초등학생	小学生	8 課
축구	サッカー	10 課
축하	お祝い	5 課
취업 준비	就職活動	12 課
층	…階	6、9 課
치마	スカート、チマ	3、5 課
친구	友達、親友、友人	4、5、6、7、8、9 課
칠	七	6、7 課

◆ **ㅋ**

카페	カフェ、喫茶店	3、8、9 課
커피	コーヒー	3、8 課
컴퓨터	コンピュータ	3、5、6、12 課
켜다	(電気を) つける、(スイッチを) 入れる	9、11 課
크다	大きい、(背が) 高い	11、12 課
키	背	12 課

◆ **ㅌ**

타다	乗る、滑る	9、12 課
탈	仮面	3 課
태권도	テコンドー	8 課
택시	タクシー	9 課
테니스	テニス	10 課
텔레비전	テレビ	12 課
토요일	土曜日	9、10 課
토익	TOEIC	8 課

◆ **ㅍ**

파티	パーティー	6 課
팔	八	6、7、10 課
팔다	売る	8、10 課
펴다	広げる、開く	9、11 課
편지	手紙	10 課
프랑스어	フランス語	5 課
피아노	ピアノ	8 課
필요하다	必要だ、要る	3 課

◆ **ㅎ**

하나	一つ	9 課
하다	する、…と言う	10、11、12 課
학교	学校	3、4、5、6、7、8、9、12 課
학생	学生、生徒、児童	3、4、5、6、8 課
학생 식당	学生食堂	6 課
학원	塾、…教室、予備校	8、9、10 課
한	一つの	9 課
한국	韓国	3、4、5、10、11、12 課
한국 사람	韓国人	3、4、5 課
한국어	韓国語	4、5、6、8、10 課
할머니	おばあさん、祖母	12 課
할아버지	おじいさん、祖父	12 課
핸드폰	携帯電話	3、7、8、9 課
형	(年下の男性から見た) 兄、兄ちゃん、兄貴	5、8、12 課
호실	…号室	6 課
혹시	ひょっとして、もしかして	7 課
홋카이도	北海道 (地名)	12 課
홍차	紅茶	3 課
화요일	火曜日	9、10 課
회사	会社	9 課
후배	後輩	4、5、11、12 課
후지산	富士山 (地名)	7 課
희망	希望	3 課
힘들다	疲れる、大変だ、しんどい	11、12 課

索引(日本語—韓国語)

◆ あ行

あ(そうか)、ああ	아	1、4 課
あ、そうだ	참	7 課
愛する	사랑하다	10 課
会う、出会う	만나다	9、11 課
青森(地名)	아오모리	1 課
上がる、登る	올라가다	9 課
あげる、くれる、やる	주다	8、11 課
朝、朝食	아침	6、9、11 課
明日	내일	2、6、8、12 課
あそこ	저기	8 課
遊ぶ	놀다	3、7、8、10 課
頭、髪	머리	1、11 課
圧倒	압도	3 課
圧迫	압박	3 課
集める	모으다	11 課
後、後ろ、裏	뒤	6 課
(年下の男性から見た) 兄、兄ちゃん、兄貴	형	5、8 課
(年下の男性から見た) 姉、お姉さん	누나	1 課
(年下の女性から見た) 姉、お姉さん	언니	1、4、8 課
あの	저	8 課
あのう、ええと	저	4 課
あの方	저분	8 課
あまりにも、とても	너무	1、11 課
アメリカ	미국	10、12 課
有馬(地名)	아리마	12 課
ある、いる	있다	3、6、7、8、10、12 課
アルバイト	아르바이트	6 課
あれ	저것	8 課
案内する	안내하다	12 課
いいえ	아뇨	1、2、3、4、5、6、8 課
言う、話す	말하다	10 課
家、うち、住まい	집	3、4、5、6、9、12 課
行く	가다	2、9、10、11、12 課
いくら、どのくらい	얼마	1 課
行こう	가자	3 課
椅子	의자	9 課
忙しい	바쁘다	3、11、12 課
(体の一部が) 痛い、具合が悪い	아프다	11、12 課
イタリア語	이탈리아어	5 課
一	일	6、10、11 課
市場(いちば)	시장	2、10 課
いつ、いつか	언제	2、6、12 課
いっしょに、ともに	같이	7、10 課
五つ、五つの	다섯	3、9 課
犬	개	8 課
今	지금	4、12 課
意味	의미	2 課
妹、弟	동생	2、4、5 課
妹、弟	아우	1 課
いやがる、嫌う	싫어하다	10 課
入口	입구	3 課
いる、ある	있다	3、6、7、8、10、12 課
上、上の方、上部	위	6 課
ウェーブ	웨이브	2 課
…ウォン	원	2、6 課
後ろ、後、裏	뒤	6 課
歌	노래	1、11、12 課
うち、住まい、家	집	3、4、5、6、9、12 課
内、中	안	6 課
うまくいく、よくできる、幸いだ	잘되다	8 課
海	바다	2 課
裏、後ろ、後	뒤	6 課
売る	팔다	8、10 課
(お会いできて) うれしいです	반갑습니다	4 課
運転	운전	12 課
運動	운동	2 課
運動場、グラウンド	운동장	11 課
A	에이	1 課
映画	영화	10 課
映画館	극장	10 課
A 館	에이관	6 課
英語	영어	1、2、5、6、8、9、12 課
ええと、あのう	저	4 課
駅	역	9 課
エラー	에러	1 課
…円	엔	6、12 課
鉛筆	연필	4、5、6 課
おいしい	맛있다	3、7 課
お祝い	축하	5 課
多い	많다	7、8、11 課
大きい、(背が) 高い	크다	11、12 課
大阪(地名)	오사카	5、9 課
お母さん、母	어머니	1、4、12 課
お金	돈	8、10、12 課
起きる、起こる、生じる	일어나다	9、12 課
億	억	6 課
送る、(手紙を) 出す、届ける	보내다	9、11 課
おじいさん、祖父	할아버지	12 課
教える	가르치다	8 課
おじさん	아저씨	3 課
落ちる	떨어지다	8 課
音、声	소리	2 課
お父さん、父	아버지	2、4 課
弟、妹	동생	2、4、5 課

弟、妹	아우	1 課
男、男子	남자	2 課
お腹、腹	배	11 課
同じだ、同様だ	같다	3 課
(年下の女性から見た) お兄さん、兄ちゃん	오빠	3、4、5 課
(年下の男性から見た) お姉さん、姉	누나	1 課
(年下の女性から見た) お姉さん、姉	언니	1、4、8 課
おばあさん、祖母	할머니	12 課
お昼、昼ごはん、昼食	점심	7、8、9、10、11 課
覚えている、記憶する	기억하다	12 課
覚える	외우다	2 課
思う、考える	생각하다	10、11、12 課
面白い	재미있다	7 課
(お金を) おろす、探す、(辞書を) 調べる	찾다	8、10、12 課
温泉	온천	12 課
女、女性、女の人	여자	5、8 課

◆ か行

…階	층	6、9 課
外国語	외국어	5 課
会社	회사	9 課
階段	계단	6、9 課
買う	사다	9 課
帰ってくる、戻ってくる	돌아오다	8 課
顔	낯	3 課
顔	얼굴	2 課
顔色	안색	11 課
かかる	걸리다	8、9 課
書く	쓰다	11、12 課
学生、生徒	학생	3、4、6、8 課
学生食堂	학생 식당	6 課
かける	걸다	8、9 課
傘、雨傘	우산	5 課
鵲(かささぎ)	까치	3 課
数える	세다	9、11 課
家族	가족	4、8 課
…方(かた)	분	4 課
肩	어깨	3 課
…月	월	2、6、10、11 課
学校	학교	3、4、5、7、8、9、12 課
合宿	엠티	12 課
悲しい	슬프다	11 課
必ず、きっと、是非	꼭	12 課
かばん、バッグ	가방	6 課
カフェ、喫茶店	카페	3、8 課
構わない、大丈夫だ	괜찮다	7 課
髪、頭	머리	1、11 課
仮面	탈	3 課
通う	다니다	8、9、10、11 課
火曜日	화요일	10、11 課
辛い	맵다	3 課
体	몸	1 課
かわいい、きれいだ、素敵だ	예쁘다	3、11 課
考える、思う	생각하다	10、11、12 課
韓国	한국	3、4、5、10、11、12 課
韓国語	한국어	4、5、6、8、10 課
韓国人	한국 사람	3、4、5 課
感謝	감사	2 課
簡単だ	쉽다	2 課
観覧する、見物する	구경하다	12 課
記憶する、覚えている	기억하다	12 課
聞く	듣다	12 課
記者	기자	3 課
汽車	기차	3 課
喫茶店、カフェ	카페	3、8 課
きっと、必ず、是非	꼭	12 課
昨日	어제	6 課
希望	희망	3 課
[姓] 金	김	4 課
義務	의무	2 課
キムチ	김치	3、6、10 課
決める	정하다	12 課
九	구	6 課
牛乳	우유	1、2 課
きゅうり	오이	1 課
今日	오늘	1、2、3、4、6、7、11 課
教科書	교과서	2、4、5、8 課
教室	교실	5、6、8 課
教授	교수님	12 課
京都(地名)	교토	5、12 課
キョンジュ (慶州:地名)	경주	12 課
嫌う、いやがる	싫어하다	10 課
着る	입다	12 課
きれいだ、かわいい、素敵だ	예쁘다	3、11 課
銀行	은행	8、10、12 課
金曜日	금요일	2、10 課
具合が悪い、(体の一部が) 痛い	아프다	11、12 課
口	입	3 課
靴、革靴	구두	2 課
国	나라	1 課
くらい、程度、ほど	정도	9 課
グラウンド、運動場	운동장	11 課
来る、帰ってくる	오다	8、9、10、11、12 課
くれる、あげる、やる	주다	8、11 課
経営学	경영학	5 課

経済学	경제학	5、6課
携帯電話	핸드폰	3、7、9課
消しゴム	지우개	4、5課
(電気・火を) 消す	끄다	11課
月曜日	월요일	2、10、11課
…限(目)、…時間(目)	교시	6課
建築学	건축학	5課
見物する、観覧する	구경하다	12課
…個	개	3、9課
五	오	2、6課
工学	공학	5課
講義室	강의실	6課
号室	호실	6課
紅茶	홍차	3課
後輩	후배	4、5、11課
神戸(地名)	고베	12課
声、音	수리	2課
コーヒー	커피	3、8課
ここ、ここに	여기	2、5、8、12課
午後	오후	6、8課
九つ、九つの	아홉	9課
心	마음	1課
午前	오전	10課
コチュジャン	고추장	3課
子ども	아이	1課
子ども	애	1課
この	이	1、3、8課
この方	이분	8課
好む、好きだ	좋아하다	10、11、12課
ご飯、飯	밥	3、8、9、10課
米	쌀	3課
ごめんなさい、すみません	미안해요	7課
これ	이거	2課
これ	이것	4、5、8課
これは	이건	8課
今度、次、この次	다음	2、10課
こんにちは、お元気でいらっしゃいますか	안녕하세요?	4課
コンピュータ	컴퓨터	3、5、6、12課

◆ さ行

(大学の) サークル	동아리	12課
…歳	살	9課
幸いだ、よくできる、うまくいく	잘되다	8課
探す、(辞書を) 調べる、(お金を) おろす	찾다	8、10、12課
…冊	권	9課
サッカー	축구	10課
さっき、先ほど	아까	3課
雑誌	잡지	3課
三	삼	2、6課
…さん、…氏	씨	4、5、6、7課
…時	시	9、10、12課
塩辛い	짜다	3課
時間、時刻、…時間	시간	2、7、9課
試験、テスト	시험	8、10課
仕事、用事	일	12課
下、下部	아래	6課
下、底	밑	3、6課
実際に、実は	사실	11課
辞典、辞書	사전	5、8課
自転車	자전거	9課
自動車	자동차	6課
じゃあ、では	그럼	5、7課
写真	사진	8、11、12課
社長	사장님	12課
借金	빚	3課
十	십	6課
ジュース	주스	2課
週末	주말	8課
授業	수업	4、5、6、7、9、10課
塾、…教室、予備校	학원	8、9、10課
宿題	숙제	3、7課
宿題する	숙제하다	10、11、12課
小学生	초등학생	8課
生じる、起きる、起こる	일어나다	9、12課
上部、上、上の方	위	6課
食事する	식사하다	10課
食堂	식당	6、8、10課
女性、女、女の人	여자	5、8課
ショッピングする	쇼핑하다	10課
書店	서점	8課
(辞書を) 調べる、探す、(お金を) おろす	찾다	8、10、12課
知る、分かる	알다	7、12課
信じる、信用する	믿다	3、7課
新聞	신문	7、12課
水泳	수영	10課
(お腹が) すいている、へっている	고프다	11課
水曜日	수요일	10課
スカート、チマ	치마	3、5課
スキー	스키	10課
好きだ、好む	좋아하다	10、11、12課
すぐ、直ちに	바로	6課
少ない	적다	7課
すぐに、直ちに、間もなく	곧	3課
素敵だ、きれいだ、かわいい	예쁘다	3、11課

スノーボード	스노보드	12 課
スペイン語	스페인어	5 課
スポーツ	스포츠	3、10、12 課
ズボン	바지	2、5 課
スマートフォン	스마트폰	8、9 課
住まい、家、うち	집	3、4、5、6、9、12 課
すまない、申し訳ない	미안하다	10、11 課
すみません、ごめんなさい	미안해요	7 課
住む、暮らす、生きる	살다	12 課
する、～と言う	하다	10 課
座る	앉다	6、7、12 課
背	키	12 課
生徒、学生	학생	3、4、6、8 課
是非、必ず、きっと	꼭	12 課
ゼロ	공	7 課
千	천	6 課
専攻	전공	5 課
先生	선생님	2、4、5、6、8、12 課
先輩	선배	4、7、8、12 課
そうですか	그래요？	6、7、8 課
ソウル(地名)	서울	9、12 課
底、下	밑	3、6 課
そこ、そこに	거기	8 課
外	밖	3、6、8 課
その	그	3、8、12 課
その時	그때	3 課
祖父、おじいさん	할아버지	12 課
祖母、おばあさん	할머니	12 課
それ	그거	2 課
それ	그것	8、11 課
それは、それが	그게	8 課
そんなに、それほど、そこまで	그렇게	11 課

◆ た行

第…	제	5 課
大学	대학	3 課
大学	대학교	4 課
大丈夫だ、構わない	괜찮다	7 課
たいてい、たいがい	대개	9 課
大抵、ふつう	보통	9 課
台所、炊事場	부엌	3 課
第二外国語	제이 외국어	5 課
大変だ、疲れる	힘들다	11、12 課
高い	높다	7、11 課
(値段が) 高い	비싸다	3 課
(背が) 高い、大きい	크다	11、12 課
タクシー	택시	9 課
出す	내다	9、11 課
(手紙を)出す、送る、届ける	보내다	9、11 課
(手紙などを) 出す	부치다	10、11 課
直ちに、すぐに、間もなく	곧	3 課
直ちに、すぐ	바로	6 課
立つ、建つ、止まる	서다	9、11 課
立つ、立ち上がる	일어서다	9 課
食べる	먹다	7、8、9、10、11、12 課
誰、誰か	누구	4、8 課
単語	단어	2 課
男子、男	남자	2 課
誕生日	생일	2、6 課
小さい、(背が) 低い	작다	7 課
地下鉄	지하철	3、9 課
チゲ(鍋料理)	찌개	3 課
父、お父さん	아버지	2、4 課
チマ、スカート	치마	3、5 課
注意	주의	2 課
中央	중앙	2 課
中国	중국	3、12 課
中国語	중국어	5 課
中国人	중국 사람	3 課
昼食、お昼、昼ごはん	점심	7、8、9、10、11 課
兆	조	6 課
(学校の) 長期休暇	방학	12 課
朝食、朝	아침	6、9、11 課
ちょっと、少し、しばらく	좀	3、9、12 課
ちょっと待って下さい、少々お待ち下さい	잠시만요	7 課
使う	쓰다	11、12 課
疲れる、大変だ	힘들다	11、12 課
月	달	3 課
次、今度、この次	다음	2、10 課
(目に) つく、見える	띄다	9 課
机、デスク	책상	6 課
作る	만들다	7、11、12 課
(電気を) つける、(スイッチを) 入れる	켜다	9、11 課
冷たい	차다	3 課
強い	세다	9 課
手	손	2 課
出会う、会う	만나다	9、11 課
程度、くらい、ほど	정도	9 課
手紙	편지	10 課
テコンドー	태권도	8 課
テスト、試験	시험	8、10 課
テニス	테니스	10 課
では、じゃあ	그럼	5、7 課
デパート	백화점	5、11 課
でも、しかし	그렇지만	12 課

テレビ	텔레비전	12 課
天気、天候	날씨	11 課
電子辞書	전자사전	8 課
電車、地下鉄	전철	9 課
電話	전화	7、8 課
ドイツ語	독일어	5 課
胴着	도복	8 課
どうして、なぜ	왜	11 課
どうしてですか	왜요？	2 課
どうぞ	여기요	2 課
どうですか	어때요？	3 課
とお、十	열	9 課
遠い	멀다	9 課
TOEIC	토익	8 課
時、時間	때	12 課
時計	시계	5、6 課
どこ、どこに	어디	5、6、8、11、12 課
ところで、ところが	그런데	8 課
登山、山登り	등산	12 課
図書館	도서관	2、6、8、9、10、11 課
トッポッキ	떡볶이	3 課
とても、あまりにも	너무	1、11 課
とても、非常に	아주	10 課
届ける、送る、(手紙を) 出す	보내다	9、11 課
隣、横	옆	6、12 課
隣の部屋	옆방	3 課
どの…、何の…	어느	1、8 課
どのくらい、いくら	얼마	1 課
友達、親友、友人	친구	4、5、6、7、8、9 課
ともに、いっしょに	같이	7、10 課
土曜日	토요일	10 課
(写真を) 撮る	찍다	11、12 課
どれ	어느 것	8 課

◆ な行

(…し) ない、(…く) ない	안	3、11、12 課
ない、いない	없다	6、11、12 課
中、内	안	6 課
中、中身	속	6 課
長い	길다	12 課
泣く	울다	7 課
なぜ、どうして	왜	11 課
七	칠	6 課
七つ、七つの	일곱	9 課
何、何か	무엇	5 課
何、何か	뭐	5、6、7、8、10、12 課
名前	이름	4、5 課
奈良(地名)	나라	1 課
習う、学ぶ、教わる	배우다	8、9、11、12 課
(…に) なる	되다	8、11 課
何…、いくつの…、	몇	3、6、9、12 課
何の…、どんな…	무슨	7、8、10 課
二	이	2、6 課
(年下の男性から見た) 兄ちゃん、兄、兄貴	형	5、8 課
二十	스물	9 課
二十の	스무	9 課
偽物	가짜	3 課
…日	일	2、6 課
日曜日	일요일	10 課
日本	일본	2、3、4 課
日本語	일본어	2、5 課
日本人	일본 사람	4 課
入手	입수	3 課
…人、…名	명	9 課
ネコ	고양이	2、6、9 課
寝る	자다	3、9、11 課
…年	년	6 課
農学	농학	5 課
ノート	노트	3 課
登る、上がる	올라가다	9 課
飲む	마시다	8、12 課
乗る	타다	9、11、12 課

◆ は行

葉	잎	3 課
パーティー	파티	6 課
はい	예	1 課
はい、ええ	네	1、2、3、4、5、7 課
バイバイ、元気？	안녕	1 課
[姓] 朴	박	3 課
箸	젓가락	9 課
初めて	처음	3 課
始める	시작하다	10 課
バス	버스	2、9 課
バスケットボール	농구	10、11 課
八	팔	6 課
バッグ、かばん	가방	6 課
花	꽃	3 課
話す、言う	말하다	10 課
花屋	꽃집	3 課
母、お母さん	어머니	1、4、12 課
速く、早く	빨리	3、7、12 課
腹、お腹	배	11 課
春	봄	9、12 課
春休み	봄 방학	12 課
バレーボール	배구	10 課
半、半分	반	9 課

…番	번	7 課
晩、夜、夕食	저녁	9、12 課
パン	빵	12 課
番号	번호	7 課
火、明かり	불	11 課
ピアノ	피아노	8 課
日傘	양산	5 課
…匹、…頭、…羽	마리	9 課
(背が) 低い、小さい	작다	7 課
飛行機	비행기	9 課
非常に、とても	아주	10 課
左、左側	왼쪽	6 課
必要だ、要る	필요하다	3 課
人(ひと)	사람	2、4、5、12 課
一つ	하나	9 課
一つの	한	9 課
ビビンバ	비빔밥	7、12 課
百	백	6 課
病院	병원	2 課
ひょっとして、もしかして	혹시	7 課
昼、昼間、日中	낮	3、5 課
昼ごはん、お昼、昼食	점심	7、8、9、10、11 課
広げる、開く	펴다	9 課、11 課
服、衣服	옷	3 課
プサン(釜山 : 地名)	부산	9 課
富士山(地名)	후지산	7 課
ブタ	돼지	2 課
再び、また	또	3 課
二つ	둘	9 課
二つの	두	9 課
ふつう、大抵	보통	9 課
フランス語	프랑스어	5 課
プルコギ	불고기	12 課
ふるさと、故郷	고향	8 課
プレゼント、贈り物	선물	7、8、9 課
…分	분	9 課
文学	문학	5 課
部屋	방	2、11 課
勉強	공부	2、10 課
勉強する	공부하다	10、11、12 課
法学	법학	5 課
坊や、お嬢ちゃん	얘야	1 課
北海道(地名)	홋카이도	12 課
ほど、程度、くらい	정도	9 課
ほとんど	거의	2 課
骨	뼈	3 課
本、書物	책	4、5、7、8、11、12 課
本当(に)	정말	2、3、8 課
本物、本当に	진짜	3 課

◆ ま行

…枚	장	9 課
毎日	매일	8、10、12 課
(空間的に) 前	앞	3、6、8 課
まだ	아직	11 課
町、通り	거리	2 課
待つ	기다리다	2、8、11、12 課
間もなく、すぐに、直ちに	곧	3 課
万	만	2、6 課
見える、見せる	보이다	8、11 課
右、右側	오른쪽	6 課
見せてください	보여 주세요	2 課
三つ	셋	9 課
三つの	세	9 課
耳	귀	2 課
見る、読む、(試験を) 受ける	보다	2、8、10、11、12 課
難しい	어렵다	2 課
娘	딸	3 課
六つ、六つの	여섯	9 課
村	마을	1 課
無料	무료	1 課
目	눈	3 課
メール、電子メール	메일	1、5、9 課
眼鏡	안경	3 課
もう一度、再び	다시	2 課
模擬試験	모의시험	8 課
木曜日	목요일	10 課
もしかして、ひょっとして	혹시	7 課
持つ、携える	가지다	8 課
戻ってくる、帰ってくる	돌아오다	8 課
もの、…の、こと、	것	8 課
もらう、受け取る、とる	받다	3、7、9、10、11 課

◆ や行

野球	야구	2、10 課
(熱烈な) 野球ファン	야구광	10 課
薬学	약학	5 課
約束	약속	3、6、10 課
安い	싸다	3 課
休む、休息をとる	쉬다	9、10、11、12 課
八つ、八つの	여덟	9 課
山登り、登山	등산	12 課
やる、くれる、あげる	주다	8、11 課
友愛	우애	1 課
優雅	우아	1 課
夕食、晩、夜	저녁	9、12 課
郵便	우편	9 課

郵便局	우체국	10、11 課
憂慮	우려	1 課
よい、好きだ	좋다	7、11 課
用事、仕事	일	12 課
曜日	요일	10、11 課
よくできる、うまくいく、幸いだ	잘되다	8 課
横浜(地名)	요코하마	11 課
四つ	넷	9 課
四つの	네	9 課
読む	읽다	7、11、12 課
与野	여야	1 課
夜	밤	2 課
夜、晩、夕食	저녁	9、12 課
四	사	2、6 課

◆ ら行

来月、翌月	다음 달	10 課
来週、翌週	다음 주	8、10 課
来年	내년	10 課
理由	이유	1 課
(自分の) 両親、ご両親	부모님	12 課
料理	요리	1、12 課
旅行	여행	10、11 課
りんご	사과	2 課
類例	유례	1 課
礼儀	예의	2 課
冷麺	냉면	1、7 課
レポート	리포트	11 課
六	육	6 課

◆ わ行

分かる、知る	알다	7、12 課
忘れる	잊다	3 課
私、わたくし	저	4、5、10、12 課
私、ぼく	나	1 課
私達、我々、うちの…	우리	1、8 課
私の…	제	4、5 課
私は	전	12 課
笑う	웃다	7、11 課
悪い	나쁘다	3、11 課

四訂版・韓国語の世界へ 入門編

—コツコツ学び、カジュアルに話そう—

検印省略

© 2012年1月15日 第1版 発行
2016年4月20日 第6刷 発行
2017年1月30日 三訂初版 発行
2022年8月30日 第8刷 発行
2024年1月30日 四訂初版 発行

著者 李 潤玉
酒勾 康裕
須賀井 義教
睦 宗均
山田 恭子

発行者 小川 洋一郎

発行所 株式会社 朝日出版社

〒101-0065 東京都千代田区西神田 3-3-5
電話 (03)3239-0271・72 (直通)
振替口座 東京 00140-2-46008
http://www.asahipress.com/
欧友社／図書印刷

乱丁・落丁本はお取り替えいたします

ISBN978-4-255-55710-6 C1087

朝日出版社 **ハングル能力検定試験問題集のご案内**

改訂新版ハングル能力検定試験5級実戦問題集 李昌圭｜著

- 問題を類型別に分けたので，実際の試験問題の出題順に始められる
- 類型別問題の対策と解答のポイントを詳しく解説
- 5級出題の文法と語彙などを合格ポイント資料として提示、試験直前の確認にも最適
- ハングル検定対策本のなかで最多の問題数
- 聞き取り問題の音声はもちろん、本書模擬試験・解説はウェブ上で何度でもトライ、確認できる
- 模擬テストで実戦練習ができる
- 筆記と聞き取りの問題の解説を巻末にまとめて収録している

● A5判 ● 232p. ● 特色刷　定価3,080円（本体2,800円+税10%）(1268)

電子版有

改訂新版ハングル能力検定試験4級実戦問題集 李昌圭｜著

- 問題を類型別に分けたので，実際の試験問題の出題順に始められる
- 4級出題の文法と語彙などを合格ポイント資料として提示、試験直前の確認にも最適
- ハングル検定対策本のなかで最多の問題数（本試験の９回分以上相当）
- 聞き取り問題の音声はもちろん、本書模擬試験・解説はウェブ上で何度でもトライ、確認できる
- 模擬テストで実戦練習ができる
- 筆記と聞き取りの問題の解説を巻末にまとめて収録している

● A5判 ● 256p. ● 特色刷　定価3,080円（本体2,800円+税10%）(1250)

電子版有

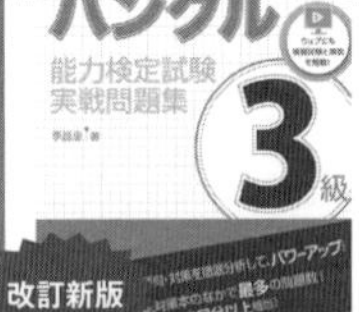

改訂新版ハングル能力検定試験3級実戦問題集 李昌圭｜著

- 問題を類型別に分けたので，実際の試験問題の出題順に始められる
- 3級出題の文法と語彙などを合格ポイント資料として提示、試験直前の確認にも最適
- ハングル検定対策本のなかで最多の問題数（本試験の10回分以上相当）
- 聞き取り問題の音声はもちろん、本書模擬試験・解説はウェブ上で何度でもトライ、確認できる
- 模擬テストで実戦練習ができる
- 筆記と聞き取りの問題の解説を巻末にまとめて収録している

● A5判 ● 368p. ● 特色刷　定価3,168円（本体2,880円+税10%）(1222)

電子版有

ハングル能力検定試験準2級対策問題集 -筆記編- 李昌圭｜著

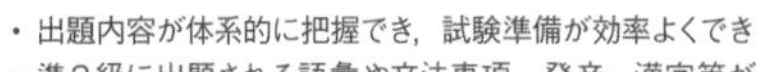

- 出題内容が体系的に把握でき，試験準備が効率よくできる
- 準2級に出題される語彙や文法事項，発音，漢字等が一目瞭然でわかる
- 本書収録の520題（本試験の11回分相当）の豊富な問題を通してすべての出題形式の問題が実戦的に練習できる
- 間違えた問題や不得意な問題は印をつけ，繰り返し練習ができる

● A5判 ● 360p. ● 特色刷　定価2,640円（本体2,400円+税10%）(743)

電子版有

ハングル能力検定試験準2級対策問題集 -聞き取り編- 李昌圭｜著

- 出題の傾向，学習ポイントが全体的・体系的に理解できるように，過去問を詳細に分析して出題内容を類型別に整理・解説
- 問題の類型と傾向，頻出語句，選択肢，文法事項などが一目で分かるように，問題類型別に重要なポイントをまとめて「合格資料」として提示
- 本試験と同じ練習問題を通して実戦的に練習ができるように，豊富な練習問題を類型別にまとめて本試験と同じ出題順に提示
- すべての問題は本試験と同じ形式で添付の音声ファイルCD-ROMに収録。実戦的に繰り返し練習ができ，聴力を鍛えることができる

● A5判 ● 280p. ● 特色刷 ● 音声ファイルCD-ROM付　定価2,860円（本体2,600円+税10%）(1028)

電子版有

（株）朝日出版社

← 最新の刊行情報はこちら

〒101-0065 東京都千代田区西神田3－3－5
TEL：03－3263－3321　FAX：03－5226－9599
E-mail：info@asahipress.com　http://www.asahipress.com/

← LINEスタンプ「キムチフレンズ」好評発売中！
※詳細はQRコードから！